M&A
コンサルタント
という仕事

牟禮知仁
MURE TOMOHITO

幻冬舎 MC

M&Aコンサルタントという仕事

Change Together

はじめに

2021年のM&A件数は2020年に比べて14・7％増加し、4280件（レコフデータ調べ）と2019年の4088件を上回り、過去最多となりました。大きな要因には国内外の投資会社による日本企業の買収案件が増加したほか、事業承継の件数も伸びていることが挙げられます。このように日本国内で実施されるM&A件数は増加の一途をたどっているなかで、それに応じてM&Aアドバイザリー（M&A仲介）の企業数も右肩上がりで増加し、そこで働くM&Aコンサルタントの数も増えています。

M&Aコンサルタントの仕事とは、企業のM&Aに関する相談に乗り、実行までのフローを支援することです。売り手、買い手の企業価値を高めることがミッションであり、業務内容は企業や業界の調査・分析、M&Aの戦略立案など多岐にわたります。

私自身、約10年前にM&Aアドバイザリーの会社を立ち上げ、IT・デジタル領域の

M&Aに特化して数多くの案件を手掛けてきました。決して会社規模が大きいとはいえませんが、2022年には第三者機関から「IT/デジタル領域のM&A成約支援件数No.1」の認定(※)を受けています(※日本マーケティングリサーチ機構調べ、2022年6月期 指定領域における市場調査)。

M&Aコンサルタントには、ビジネスだけでなく税務、財務、法務などの専門知識はもちろん、経営者が掲げているパーパスや理念への共感といった高い知力が求められます。また徹底したリサーチを行った結果、成長戦略立案に基づく売り手・買い手企業のリスト作成をはじめ、より良い提案のため、顧客のために汗をかき続けられる高い行動力が必要です。この知力と行動力を掛け合わせた「知的行動力」を身につけていくことが、〝本物〟のM&Aコンサルタントへと成長していくためには欠かせません。

M&Aのプロセス全体にコミットし一気通貫で手掛けることで、両方の企業を深く理解し、最大限の効果を生み出すM&Aスキームを考え、プロセス全体に責任をもって取り組むことができ顧客のニーズにより深く応えられます。それがM&Aコンサルタント自身の成長にもつながり、結果として、より高度なニーズにも応えられるようになるため、好循環の成長スパイラルにつながると私は考えています。

本書は業界未経験の若者が、〝本物〟のM&Aコンサルタントになるまでのストーリーを展開しつつ、M&Aコンサルタントに必要な知識や考え方なども解説していきます。この一冊をきっかけに、M&Aコンサルタントの仕事に興味をもち、志してくれる読者が一人でも増えることを祈っています。

目次

第2章 成長型か、事業承継型か……。真のM&Aコンサルタントになるための選択
～成長型M&Aコンサルタントに必要なのは徹底したニーズドリブン～

第3章 〝完璧〟を目指すも経験不足によるディールブレイクの日々
~きめ細かい調整力が求められる成長型M&Aディール~

第4章 社長の心に届いた成長型M&Aの真のメリット
~経営基盤を強固にし、事業拡大を実現させる成長型M&A~

第1章

突然の事業譲渡で知った M&Aコンサルタントという仕事

～業界問わずニーズが高まるM&A～

青天の霹靂《へきれき》

月曜日の朝、東京・品川駅。休日明けのどこか気だるい空気を漂わせ、それでも立ち止まることなくそれぞれの職場へと向かう老若男女のなかに、武本孝弘もいた。武本の勤める「ブルー電機株式会社」は、品川駅から徒歩7、8分の場所に、5階建ての本社ビルを構えていた。

正面玄関とは別の、通用ドアからオフィスに入った武本孝弘は、自席に座ってノートパソコンの電源を入れると、大きく伸びをした。またいつもと変わらない1週間が始まる。

今武本が取り組んでいる開発プロジェクトはまだ動きだしたばかりといったところで、締切に追われている状態でもない。コーヒーを飲みながら、メールと社内チャットを確認する。

特に変わったメールはなかったが、チャットに入っていた部長からのメッセージが目に留まった。最初に【重要】とマークが付けられており、9時半に社長から重要な発表がある、ついては、全員フロアにいるようにという内容だった。武本が入社して5年、こんなことは初めてだ。

はて、なんだろう？　武本は、不吉な予感で胸騒ぎがした。

9時半、オフィスフロアに集められた全社員の前には、3名が立っていた。1人は、ブルー電機の青木勝社長だが、あとの2人は見たことのない顔だった。

「ブルー電機は、アサクサファンドからの出資を受け入れることになりました。今後はアサクサファンドが最大株主となります」

青木社長が語った内容は、武本にとって、まさに寝耳に水だった。オーナー経営者だった青木社長が株を売って、代表取締役からも退くというのだ。要するにM&Aで会社が売られたのだ。

オフィスにはざわめきが広まり、収まることがなかった。武本も「なぜ？」という疑問で頭がいっぱいだった。青木社長からは、ブルー電機の状況や自身の病気のことを踏まえて、今回のM&Aに至った経緯が話された。

M&Aの背景

ブルー電機は、通信機器やAV（オーディオビジュアル）機器を中心に、一般家庭用、業務用の両分野で幅広い電機製品を製造販売している中堅電機メーカーだ。また、業務用ソフトウェア開発部門ももつ。直近の売上高は約300億円。従業員は本社が約300名。国内1カ所の生産工場をもつほか、中国とマレーシアに現地法人を設立し1カ所ずつ工場を操業している。本社以外の従業員数は、約1000名だ。上場こそしていないが、上場企業に準じる規模の準大手企業である。

現在の社長は創業社長の子で、2代目社長である。

業績が低迷していたブルー電機は、2年ほど前から国内外の同業他社などと資本業務提携の可能性を模索していたが、相手探しは難航した。そこで、金融機関の協力も得ながら、社員の解雇こそしなかったものの業務改善に取り組み、足元の業績は回復傾向にあった。

しかし、再建のメドが立ちそうだと思えてきた1年ほど前、人間ドックで青木社長に前立腺がんが発見された。闘病をしながらハードな社長業を続けていくことは難しいだろうと、青木は判断した。

一方で、青木には後継者となる親族がおらず、まだ60歳の青木は、あと10年は社長業を続けるつもりであったので、後継者育成に現実的に取り組んでいなかった。

そこで、経営の引受先になってくれる相手がいないかを、M&Aアドバイザリー会社に相談したところ、紹介してもらったのが大手PE（プライベート・エクイティ）ファンド会社のアサクサファンドだった。

当初、青木は事業会社との経営統合にこだわり、ファンドへの株式譲渡に対しては抵抗感を抱いていたが、それは確たる根拠があってのことではなく、単にファンドというものがよく分からないという理由が主だった。

だが、M&Aアドバイザリー会社を交えてファンドの担当者と話をするうちに、思い切って、ファンドが招くプロ経営者にブルー電機の経営を委ねてみるのも悪くないと考えるようになった。また、病に冒された青木にとっては、あれこれの選択肢について時間をかけて選んでいる余裕がないという事情もあった。そうして、M&Aアドバイザリーから紹介を受けて、わずか4カ月でのスピード契約が実現したのだ。

ただし、アサクサファンドとのM&Aを進めていることは、社内でも一部の管理担当取締役だけに共有されており、部長クラスにも伝えられていないトップシークレットだった。先週金曜に最終的に契約に合意し、今日、社内に公表されることになった。会社にもよるが、社内の動揺や取引先などへの情報漏洩を防ぐために、M&Aではこのような情報伝達プロセスを経ることが多い。

「皆さんと最後まで一緒に働くことを望んでいましたが、残念ながら病がそれを許してくれませんでした。これまで、本当にありがとうございました」と青木が深々と頭を下げた。

その後、新社長からの挨拶があった。自己紹介やなぜ今回ブルー電機の社長を引き受けることにしたのか、ブルー電機がもつ可能性と魅力といった話がされたあと、基本的には今後も今までどおりに仕事をしてもらいたく、待遇などにも当面は変更がないこと、ブルー電機の再成長のために、経営革新計画を策定中であることが伝えられた。

武本は、新社長の横にいる以前よりも一回り小さくなってしまったように見える青木社長を見つめながら、「動きだしたばかりの新規プロジェクトはどうなるんだろう」と、不安に感じていた。

エンジニア一筋のキャリア

武本は、旧帝大大学院の工学系研究科でソフトウェア工学を学んだのち、エンジニアとしてブルー電機に入社した。武本が就職活動を行った年は、いわゆるアベノミクスによって株価が上昇していたピークに近い時代で、デフレが終わり、これから好景気になるかもしれないという期待が醸成されていた時期だった。大手企業を中心に採用活動は熱心で、特に理系の人材は引く手あまたであった。

武本は、就職活動の際2つの方向をはかりにかけていた。1つは、ＩＴ系エンジニアとしての道だ。武本は、高校生のときから趣味でプログラムを書いてスマホアプリゲームを作成するなど、ソフトウェア開発に限らず、もの作りが好きだった。自分が作ったものが自分の考えたとおりに動き、それを人に使ってもらって喜んでもらえる仕事は、わくわくすると思っていた。大学や大学院で学んだことも直接活かせるので、素直に考えればこの道に進むのがいいのだろう。

一方、武本は、ビジネスを作ることにも興味があった。それは、父の弟、つまり叔父の武本祐二の影響もあった。叔父の祐二は、アメリカのシリコンバレーで有名なＩＴベンチャーに勤め、Ｗｅｂサービスの開発などをしている。武本が高校生の頃までは、よく一緒にゲームで遊んでくれて、武本がそれに飽きると、日本とは違ったアメリカでの暮らしや、ビジネスの話を聞かせてくれたものだ。その話を通じて、幼い武本の心に「ビジネスって面白そう」というイメージが植え付けられ、そのエッセンスは、大学生になったときにもしっかりと武本の心に残されていた。

ソフトウェアやものを作るのでなく、ビジネスそのものに直接関われるような仕事もしてみたい、と武本は考えていた。しかし、大学生の武本にはそのような仕事をイメージするとメガベンチャーやコンサルティング会社ぐらいしか浮かび上がってこなかった。さらに成績自体ぱっとしなかったため、そういった就職先を選ぶことはハードルが高かった。

結局、武本はＩＴエンジニアとして生きる道を選び、研究室の推薦で採用してくれたブルー電機に就職した。それが5年前だった。入社後は開発部ソフトウェア開発課に配属され、同社のＡＶ製品に組み込まれるソフトウェアの開発を主に担当していた。だが、そこで高いレベルのプログラミングの才能を発揮したことから、すぐに外販用のソフトウェアを開発するソリューション開発課に異動になった。

最初に開発、販売したのはＣＡＤソフトで、そこからＣＡＤ／ＣＡＭ関係や業務用の３Ｄ関係のソフトウェアも開発していた。武本のチームでは、メタバースやデジタルツインで用いられるテクスチャなどをリアルタイムでシミュレーションできるハイエンドソフトウェア「ブルーテクスチャ」シリーズを開発していた。限定された分野で用いられる業務用ソリューションなので、ブルー電機の売上高全体に占める割合は小さかったが、ユーザーからの評価は高く、同社ソフトウェアの技術力の高さを示すパイロット的な製品として、武本はその開発にやりがいを感じていた。

うずまく不満

Ｍ＆Ａの発表からしばらく、日常の仕事においては特にそれまでとの違いは生じていなかった。だが、約３カ月後に正式な経営刷新計画が発表されると、社内には大きな動揺が走った。そこには、いくつかの業務部門や製品ラインの改廃計画が含まれていたからだ。そのなかには、外販用ソフトウェア事業からの撤退が含まれていた。

武本が所属するソリューション開発課は廃止されることになった。そして「ブルーテクスチャ」シリーズは、ブランド全体を他社へ事業譲渡する予定とあった。

その後、開かれたソリューション開発課全員が集められた説明会の席では「今後は経営リソースをハードウェア製品に集中させる。皆さんの技術は組み込みソフトウェアなどで活かしてほしい」という社長の説明があった。事前に、部長・課長クラスへのヒアリングは行われていたようだが、一般社員には行われていなかった。武本もほかの課員も開発部長に訴えたが、無駄であった。ソリューション開発課は解散させられ、武本たち課員はそれぞれ別の部署に異動させられた。「ブルーテクスチャ」は、米国系のソフトウェアハウスに買収され、そこで開発、サポートが継続されることになった。

「まったく、やってられないよな。新社長はうちの会社のことを、なにも分かってない」

武本はジョッキのビールを半分一気に飲み干すと、そう言った。会社の近所にある焼き鳥屋に、旧「ブルーテクスチャ」のチームメンバーで特に親しかった4人が集まっていた。

「まあ、そう言うなよ。組み込みソフトだって、うちの重要な製品の一部だよ」

田中一生が言った。田中は武本の1年先輩で、優秀な開発者だった。

「それは分かっていますけど……」

「『ブルーテクスチャ』は確かに利用者からの評価は高かったが、売上は小さかった。小さくても伸びているならまだ良かったが、ここ数年は少しずつ右肩下がりだっただろう。会社に余裕がないのだから仕方ないよ」

そして田中は、自分たちは会社員なのだからトップの方針が変わればそれに従うしかないだろう、それが嫌ならハードルは高いと思うが起業するしかない、と言った。武本はもやもやする気持ちもあったが、なんと反論すればいいか分からず考え込んでしまった。

悶々とする日々

ブルー電機のM&Aから半年以上が経った頃、田中が会社に辞表を提出した。社内の誰も事前に相談を受けていなかったので、皆驚いた。上司は慰留をしたが、もちろん翻ることはなく、引き継ぎ業務だけを行って、2週間後には退社することになった。

その日、武本は田中から誘われて飲みに行った。田中は、会社には伝えていないのでここだけの話にしておいてほしいと前置きして、実は、ソフトウェア開発企業を作って起業をするつもりなのだと教えてくれた。すでにかなり準備を進めていて、一緒に働いてくれる仲間もいるという。

以前、M&A直後に田中と飲んだときに会社員としてトップに従うのが嫌なら……と言われたことを、武本はよく覚えていた。そのときは、武本は自分に向けられた言葉だと思っていたが、もしかしたら田中は、田中自身にそう言い聞かせていたのかもしれない。

田中にそうたずねると、よく覚えているなと照れたように笑った。そして真面目な表情で、チャレンジして失敗しても、独身で、今の歳ならやり直しもできるだろう、結婚して子どもができたら、そんなリスクは取れない、だから、チャレンジするなら今しかないと決意したと言った。そして、こう付け加えた。

「余計なお世話かもしれないが、もし転身を考えるなら早いうちにしたほうがいいぞ」

田中にそう言われた武本は、自分はどうすればいいのだろうかと考え込むことが多くなった。今の仕事も、ブルー電機も嫌いなわけではない。コツコツとものを作り上げていく仕事は自分に向いているし、会社も自分の仕事ぶりを認めてくれている。給料もメーカーのなかでは悪いほうではない。だから、転職は具体的に考えたことはなかったが、今の仕事に「ブルーテクスチャ」を開発していたときのような充実感がないことも感じていた。

自分で新しい道を切り拓いて進む先輩を見ると、自分もこのままでいいのだろうかという気持ちがどうしても湧いてきてしまう。とはいえ、やはり安定した職場を捨てて転職するのは、怖いという気持ちもあった。まして、エンジニアだけでやってきた自分が起業などとてもできるとも思えない。悶々とする日々のなか、退社日となり田中は去っていった。

叔父との再会

武本のＬＩＮＥに、珍しく父からメッセージがあった。久しぶりに叔父の祐二が日本に帰国するので、週末にみんなで食事をしようという。子どもの頃は、毎年のように武本の家に遊びに来ていた叔父だが、考えてみると最後に会ったのは就職直後で、５年前になる。

叔父は若くしてアメリカに渡り、ベンチャー企業への転職経験もある人物だ。このところ感じていた悩みに、叔父ならなにかヒントを与えてくれるかもしれないと考えた。

５年ぶりに会った叔父は、だいぶ白髪が増えていたが、「元気でやっているか」という低く優しい声音は、子どもの頃の記憶と、ちっとも変わっていなかった。

祐二はシリコンバレーやサンフランシスコなどで転職を繰り返し、今は動画に関する広告代理店のような会社でＡＩを利用した広告配信システムの開発に関わっているという。

家族での食事のあと、武本はコーヒーを淹れて、２人で話そうと祐二を誘った。

それからぽつぽつと、会社がＭ＆Ａで売却されて自分のチームがなくなったこと、仕事に充実感を覚えられなくなってきたこと、先輩が会社を辞めて起業をしたこと、そして自分の将来の方向性がはっきり見えなくなってきていることなど、とりとめない内容の相談なのかグチなのか分からないような話をした。

祐二はなにも言わず黙って聞いていたが、武本からどう思うかとたずねられて、祐二は少し考えてから、答えになるかどうか分からないが、と言って次のように語った。

「世の中には、大きく分けると2通りの人間がいると思うよ。自分で仕事を作る人間と、与えられた仕事をこなす人間だ。どちらの人間も、この社会には必要であって、どちらが偉いとかどちらが優れている、劣っているということもない。

だけど、与えられた仕事をこなすだけの人間は、自分の仕事も自分の給料も基本的にはコントロールすることができない。そのことを『安定しているし、楽だからよい』と考えるのか、『つまらない』と感じるかはその人次第だろう。僕はゼロから新しいビジネスを自分で考えて作ることが好きだから、今までそういう仕事を中心にやってきた。既存の仕事のなかで、与えられた役割をこなすだけというのは僕には向いていないね。孝弘も、自分がどっちのタイプなのか、どっちの仕事をしたいのかはよく考えたほうがいいな」

武本は、アメリカでは起業が盛んだと聞くが叔父自身は起業を考えたことがないのかとたずねた。祐二は少し考えたあと、「新しいビジネスを作ることと会社を作って起業することは、重なる部分ももちろんあるが同じことではない。会社を運営するには人材管理の問題や資金繰りの問題など考えることがたくさん出てくる。純粋に製品やサービス、マーケットのことだけを考えていればいいというわけにはいかなくなり、それは自分のやりたいこととはちょっと違う」と答えた。

また祐二によると、アメリカでも起業の成功の確率は低くて、失敗のほうが圧倒的に多いという。当たり前だが、誰もがジェフ・ベゾスやイーロン・マスクになれるわけではない。ただ、起業して失敗してもさほどネガティブな要素だとは受け止められず、むしろチャレンジしたことが高く評価される文化があり、それは日本と大きく違うが自分はそこまでリスクを取るのが好きな性格ではないとも言った。

アメリカにおけるM&A

祐二によると、最近はシリコンバレーでも日本からやってきた若者が増えているという。そのなかには技術とアイディアで起業して、いずれGAFAMに会社を売ることを目指している者も多いという。その話を聞いて武本は、起業家が上場を目指すのではなくてせっかく育てた会社を売ることを目指す、という話が不思議だった。起業家が目指す成功とは、株式上場して大企業になることだと思っていた。

ところが実際は、アメリカの起業家の特にテック系起業家は、IPO（株式上場）よりも大企業にM&Aで会社を買ってもらうことを目指すほうが普通だという。なぜなら買収してグループに取り込めないことが分かると、それが画期的で将来有望な製品やサービスであればあるほどすぐにGAFAMやシスコ、セールスフォース、SAP、テスラなど資本力も技術ももつ超巨大企業が類似の製品を開発して潰しにくるからだという。

IPOをして大企業を目指すことは、そういう超巨大企業と正面から戦うということで、もし勝てれば莫大な利益が得られるが、並大抵のことでは勝てない。それなら、IPOをして苦労の多い戦いに挑むよりも、その手前の段階でM&Aで会社を売ってしまって、ある程度のまとまったお金を得るほうがいいと考える起業家が大半だ。そして入った資金を元手に、また新しい会社を起ち上げてM&A売却するということを繰り返す「シリアルアントレプレナー」（連続起業家）も増えている。日本ではいまだにM&Aに対して〝身売り〟のようなイメージをもつ人もいるがアメリカはまったく違い、GAFAMに買ってもらえるような会社を作った起業家は社会的にも成功者と見られて尊敬されているという。

武本は、M&Aの発表のときの青木社長の寂しそうな表情を思い出して、考え込んだ。もしここがアメリカだったら、青木社長ももっと晴れがましい顔をしていただろうか？だが、青木社長はM&Aのあとすぐにがんの手術を受け、現在は小康状態が続いているらしい。その意味では、世間の評判はともかくあのタイミングでのM&Aはベストだっただろう。もう少しあとまで社長が続投していて突然倒れるようなことがあれば会社も大混乱になったはずだ。結果、社長も会社もM&Aに救われたということになるのか。

武本は祐二の話に強い興味が湧いてきて、M&Aのことをもっと教えてほしいと頼んだ。

「面白い」仕事

祐二によると、日本でも今後ますますM&Aが増えることは間違いないという。それは、ブルー電機のように、後継人材がいない中小企業がたくさんあるからだ。

しかし、それだけではなく先に話したアメリカのように、大手と組み事業成長のためのM&Aを選ぶ起業家も確実に増えるはずだという。実際、日本で起業したスタートアップをGAFAMが買収する例も増えているそうだ。高い技術やユニークなビジネスであれば、言語の壁は問題にならない。

実は祐二自身も、かつてM&Aの仕事に関わったことがあると教えてくれた。祐二が以前に勤めていた会社は、動画の配信システムを主に開発する会社だった。技術的には優れていたらしいが、マーケティングが弱く、業績はぱっとしなかった。だがその技術力に目をつけて、買収したいという会社が現れ、それが日本で携帯電話事業も運営しているS社だった。そして、開発担当兼VPだった祐二がM&A交渉担当として抜擢されたという。

アメリカには日本のようなM&Aの売り手と買い手の間に立って仲介をする仲介会社は

ほとんどない。ゴールドマン・サックスやJPモルガンなどの投資銀行などでM&A業務を担当するM&Aコンサルタントは広く普及していて、FA、ファイナンシャル・アドバイザーとも呼ばれている。祐二は、投資銀行のFAとペアを組んで、相手方のエージェントやFAと交渉をして、M&Aをまとめたということだった。

その後、S社が買収した企業の動画配信サービスは、買収後にS社が大幅なサービス機能の追加を行い「Sテレビ」というサービス名で、日本でもサービス展開されていた。あの有名なサービスの日本進出に叔父が関わっていたことなど、祐二は初耳だった。

その経験があったため、その後も祐二は、買い手が見つからなくて困っている知り合いの起業家やFAに、ここなら興味をもってくれるかもしれないという会社を紹介したことが何度かあった。それならいっそ副業にしようかと、M&Aコンサルタント業の会社を作ったという。会社といっても、社長の祐二以外に社員はおらず、候補先と思いつくものと接触するルートがあるわけもなく、その後本業のほうが忙しくなってしまったため、今は開店休業状態らしい。武本はてっきり、祐二は生粋のエンジニアだと思っていたので、その話を聞いて驚いた。

「叔父さんがそんなことしていたなんて知らなかった。そういう仕事って面白いの？」

武本は素朴な疑問を口にした。それに対して祐二は「exciting」と、きれいな発音で言い、にやりと笑った。自分がアメリカで経験したM&Aの面白さは、まずユニークでガッツのある経営者と直接会って、彼らのビジネスをサポートできることだと祐二は言った。時には、自分が媒介者として結びつけた事業が大きく成長することもある。そのいわば仕掛人となれることは、とてもエキサイティングだと言った。そしてもう一つ、仕事を通じて、自分自身も成長できることが、M&Aコンサルタント業の魅力だとも力説した。

「M&A業務は、ビジネスのすべてを理解していないとできないものだ。経営戦略や事業モデルの理解は当然として、税務や、法務、労務、テック、それに人の気持ちをつかむ人心掌握術だって必要になる。私は片手間だったから、そこまで突き詰めなかったが、本当のM&A業務は、ビジネスフィールドでの『十種競技』のようなものなんだ。ハードで奥深い。そして本気で取り組めば限りなく成長でき、自分自身が強くなっていく仕事だ」

そう語る祐二に、武本はさらに突っ込んでどんな仕事をしたのかをたずねた。祐二の話を聞きながら、武本はM&Aコンサルタントの仕事に強く惹かれている自分に気づいた。

自分も、十種競技者としてビジネスのフィールドに立ち、叔父のようにいきいきとその仕事を語れるようになりたい――。いつしか、そんな気持ちが湧いていた。

翌朝、祐二も交えて家族みんなで朝食をとっているときに、祐二は真剣な顔でスマホの画面を見ていた。朝食を取りながらスマホでニュースをチェックするのが朝の習慣だという。やっぱり片手間でやっているとはいえ十種競技の選手はいつも大変なんですねと武本は冗談を言い、祐二は笑ったが、思い出したように「新聞を読んでいるか」と聞いてきた。武本がポータルサイトのニュースしか読んでいないと言うと、どんな仕事をするのでも、『日本経済新聞』くらいは毎日読んだほうがいいと言った。武本は、ネットニュースならいくらでもスマホの無料アプリで読めるのに、と内心思ったが、尊敬する叔父のアドバイスである。素直に従ってすぐにオンライン版の『日本経済新聞』の購読契約をした。

「そういう素直なところはお前の長所だな」と、祐二は言った。

解説

M&Aにおける個別交渉の支援

▼M&Aコンサルタントとは

ある企業が他社や他社の事業を買収（譲受）する、あるいは、ある企業のオーナー（株式会社であれば株主）が、自分の所有する会社の株式や会社の一部の事業を売却するのがM&Aです。

株式会社において、その会社の持分（所有権）を示すのは株式です。株主がその会社のオーナーということになります。つまり、株式会社を前提とするなら、会社のM&Aとは、実体的には株式の売買ということになります。

株式が株式市場で売買されている上場企業の場合、一定割合までの株式は、市場での株式の取得は自由に行うことができ、また一定割合以上の株式を取得する場合であってもTOB（株式公開買い付け）という方法を通じて、取得できます。しかし、非上場企業の場合はそういきません。売り手と買い手の相対での個別交渉で、株式を売買することになります。

また、事業譲渡の場合は、事業という「仕組み」や、その仕組みと紐付いたアセット（資産…各種の固定資産や無形資産）などの権利・義務を個別に定めて譲渡することになります。ここでは株式の移転は伴いません。そもそも事業の権利・義務にはなにが含まれるのか、紐付けられるアセットにはなにがあるのかなど、すべて個別交渉により確定していきます。

そして、こういった会社または事業のM&Aにおける個別交渉の支援をするのが「M&Aアドバイザリー」あるいは「M&Aコンサルタント」と呼ばれる業務です。これらの業務には、売り手または買い手どちらか一方の立場に立って、助言や代理をする場合と、両者の間に立って仲介をする場合があります。前者は、一般的に「FA」（ファイナンシャル・アドバイザリー）業務と呼ばれ、後者は一般的にM&A仲介業務と呼ばれます。

M&Aアドバイザリー業は、銀行業や証券業のように、金融商品取引法などに基づいて許認可を受けることが必須な業種ではありません。2023年6月時点では免許などは必要なく、誰でも自由に業務を行うことができます。そのため、その呼称もさまざまなものが用いられています。

M&A仲介業務を行う会社のことは「M&A仲介会社」と呼ばれることもありますが、本書では「M&Aアドバイザリー会社」と呼びます。また、M&Aアドバイザリー会社で働いて、M&Aの仲介業務を行う人のことを、本書では「M&Aコンサルタント」と呼びます。

▼M&Aアドバイザリー業界の現状

かつては、日本においてM&Aは一般的ではありませんでした。基本的に上場企業同士や、それに準じる大手企業間で行われるものが主流で、中小企業のM&A市場というもの自体が、ほぼ存在していなかったのです。あったとしても、地域の地場産業の主要企業が経営危機になったときに地元の有力企業が救済のために合併するといった救済型が大半でした。

私は、大学院を修了後、2006年にジャフコというベンチャーキャピタル会社に就職して3年勤め、その後オークファンという会社に移って2年近く働きましたが、どちらの会社でもM&A業務（それだけではありませんが）に関わっていました。

そのときに強く感じたのは、当時の資本市場においては、投資家がエクイティ投資をする機会はあってもその投資した資金を回収（現金化）する機会はほぼIPOしかなかったということです。私がM&Aアドバイザリー会社を起ち上げた理由にもつながるのは、その資本市場の歪みを解決することには社会的な意義とニーズがあると感じたためです。

2010年代に入ると、グローバルではリーマン・ショック後の金融緩和を背景として、PE（プライベート・エクイティ、非上場株式）ファンドに対する資金流入とその投資活動の活発化が大きな潮流となりました。国内外のPEファンドに集まった投資資金が、日本のPE市場も投資対象にするように潮目が変わったのです。

また、国内に限れば、2013年頃から、アベノミクスによる金融緩和もあってスタートアップブームが起こります。特に勃興したのが、テック系のスタートアップです。イーロン・マスクなどの海外起業家の成功事例をロールモデルとしながら、起業とイグジット（ここでは株式売却や事業譲渡のこと）を繰り返しつつ、より大きなビジネス機会を創出しようとする、シリアルアントレプレナー（連続起業家）というワークスタイルが、ステイタス化します。

さらに、2010年代の後半になると、経済産業省・中小企業庁が、中小企業の後継者不在による大量廃業を「2025年問題」として問題視し、いわゆる第三者承継としての中小企業のM&Aを周知、啓蒙するようになります。

この（1）PE投資の活発化、（2）スタートアップとそのイグジットのブーム、（3）中小企業の事業承継問題、という3つの大きな潮流があって、2010年から現在にかけて、日本のM&A市場は成長を遂げたのです。なかでも3つ目の中小企業の事業承継問題が、国内M&A市場の拡大、一般化の大きな要素となっていると思われます。

このM&A市場の成長は、M&Aを支援するM&Aアドバイザリー会社も急増させています。上場企業を中心とした大きなM&Aのディールを支援するのは、投資銀行や監査法人などの系列のコンサルティング会社などが担う業務です（もちろん独立系もありますが）。これは今も昔もあまり変わっていません。そもそも上場企業やそれに準ずる大手企業は数が少ないため、そのM&Aを支援するFAもさほど多くの需要があるわけではありません。その代わり1件ごとの報酬金額は高額になります。

一方、中小企業のM＆A仲介をするM＆Aアドバイザリー会社は、仲介、FAを含めて、近年急増しています。M＆Aアドバイザリー会社は許認可業ではありませんが、経済産業省・中小企業庁が中小企業の第三者承継増加を課題としていることから、2021年にM＆A支援機関登録制度が開始しました。同制度への登録は任意ですが、ほとんどのM＆Aアドバイザリー会社が登録していると推測されます。

同庁の公表データによると、2023年6月時点で、登録M＆A支援機関の数は3117件、そのうちM＆A専門業者（仲介）は666件、M＆A専門業者（FA）は426件（いずれも、法人、個人の両方を含む）となっています。ざっくりいうと1000件強のM＆A専門業者が日本には存在しているということになります。

ただし、その多くは数人で活動している小規模な組織です。登録支援機関3117件のうち、M＆A支援業務専従者が10人以上いる機関は、133件しかありません。

M＆A支援機関登録制度スタート前のM＆Aアドバイザリー会社の状況は統計資料がないために不明です。しかし2011年に起業して以来、12年間一貫してM＆Aアドバイザリー会社を運営してきた私の感覚では、おそらくここ5年間で10倍以上に増えたと感じます。それだけ急増しているので、そこで実務を担うM&Aコンサルタントの質も業界全体としてみれば正直ピンキリであり、バラツキが大きくなっているのが現状です。

▼多種多様なキャリアからの転身

もともと、大手企業のディールが中心だったM&Aの世界は、投資銀行や監査法人あるいはその系列のコンサルティングファームなどの人たちが担っていました。その時代は、そういった金融機関やコンサルティングファームに入社した人が、その会社のいち業務としてM&Aを担っていたのです。

一方、主に中小企業を対象としたM&Aアドバイザリー会社は、業界の歴史が比較的浅いため、新卒で入社する人は少数派で、ほとんどが転職者によって構成されています。

会社によってもそのカラーに違いがあります。共通していえるのは、企業財務、金融、証券などに関する知識が必要であるため、銀行、証券など、金融系企業の出身者が比較的多いことです。コンサルティングファームや、事業会社の経営企画部門などからの転職も少なくありません。

事業承継案件を中心とするM&Aアドバイザリー会社では、生命保険や不動産会社など、いわゆる営業に強い会社と呼ばれる会社からの転職者が多い場合もあります。こちらは営業力が買われて採用されるパターンです。さらに、まったくの他業種からの転職も割合としては少ないですが、珍しくはありません。

M&Aアドバイザリー会社には、対象とする業界などに比較的専門を特化している会社もあります。その場合には、その業界の知識やネットワークが重視されることもあります。例えば、私たちはIT業界に強いM&Aアドバイザリー会社であるためIT業界からの転職者が少なくありませんし、医療系に特化しているM&Aアドバイザリー会社なら製薬会社のMRからの転職者もいるといった具合です。

やや特殊なケースとしては、弁護士や公認会計士、税理士などの士業者が、その資格を活かしながら企業のなかで内製化されたいわゆるインハウスで働いていることもあります。M&Aには企業価値評価や税務対策、契約実務などが不可欠であるためです。

第2章

成長型か、事業承継型か……。真のM&Aコンサルタントになるための選択

~成長型M&Aコンサルタントに必要なのは徹底したニーズドリブン~

大きな決断

ブルー電機のM&Aから1年が経ち、決算概要が社内に公表されたが、事業売却があり売上・利益が減ったのにもかかわらず増収増益であり、新経営陣の経営改善が奏功して、会社の地力が回復してきたことを表していた。

M&A以後、どこか疑心暗鬼の気持ちもあったブルー電機の社員たちも、数字で結果を見せられたことによりアサクサファンドの新経営陣の手腕を認めざるを得なくなった。M&Aをされてよかった、この会社に残ってよかったというのが社内の共通認識となっていた。

だが、そのムードに逆行するように、武本はそれまで担当していた開発の区切りがついたとき、上司に辞表を提出した。

ブルーテクスチャ事業がなくなって配置転換されてから感じていた違和感や迷いは、数カ月前に田中が退社したこと、そして、そのあとに叔父との話などを通じてどんどん大きくなっていた。かつて、就職活動のときに抱いていた、ビジネスそのものに直接関われるような仕事をしたいという気持ちを、どうしても抑えられなくなっていたのだ。

そして、それはこのままブルー電機に残って働き続けたとしても、実現できる可能性はほとんどない。もちろんこのまま会社で出世して役員あるいはせめて部長クラスになれば、ある程度はそういう仕事にも関われるだろう。しかし、それは何十年後のことになるか？

また、会社の経営体制の将来に対する不安もあった。現在は、ファンド会社が実質的に経営を担っている形だが、ファンド会社がファンドを設定する期間は10年であり、長くてもM&Aから7、8年以内、通常だと4、5年で、ファンド会社はイグジット（保有株式の売却）をして投資資金を回収しなければならない。ファンドはあくまで投資としてM&Aをしているのだから、一定期間内に投資資金の回収にかかるのは当然だ。

イグジットには、IPOか事業会社へのM&A売却、あるいはトレードセール（別のファンドへの売却）などの形がある。いずれにしても、会社の経営体制に大きな影響を及ぼすだろう。そのあとに会社がどう変わっていくか分からない。

そもそも、このまま社内でエンジニアとしてのスキルを積み重ねていったとして、ビジネスの上流に立ってビジネス全体を見通してコントロールできるような「十種競技者」としての能力が自分に身につくとは到底思えなかった。武本自身、現在のブルー電機の上層部を見てもプロパーで出世してきた役員や部長などよりファンドから送り込まれた人たちのほうが優秀であることは明らかだと感じていた。

自分がビジネスの上流に立てるような成長を望むのなら、それにふさわしい仕事をしなければならない。今の仕事はぬるま湯のように居心地がいいが、ビジネスパーソンとしての成長は望み薄だ。だから、この会社を出なければだめだ。そして田中の言ったとおり、転身を図るなら30歳の今しかない。それが、武本の出した結論だった。

業界研究の重要性

武本は退社を決意したときから、転職スカウト会社に登録して情報収集を始めていた。第1希望は、M&Aアドバイザリー会社である。あわせてネットで検索してM&Aアドバイザリー会社に関する情報を集めた。

まず、武本は公開されているすべてのM&Aアドバイザリー会社のWebサイトをくまなくチェックした。M&Aアドバイザリー会社がWebサイトなどで発信している情報の多くは、M&Aの売り手や買い手の企業に向けたもので、いわば顧客のリードを得るためのプロモーションサイトだった。これは、東証に上場している大手M&Aアドバイザリー会社でも、それ以外のM&Aアドバイザリー会社でも、どこも似たような内容であった。

例えば「こんな会社はM&Aの検討をしたほうがいいですよ」とか「会社の値段の決まり方」あるいは「M&Aの進行プロセス」といった内容である。M&AセミナーやM&A説明会を開催するというM&Aアドバイザリー会社も多かった。

また多くのM&Aアドバイザリー会社のWebサイトには、自分たちの会社で仲介をしてM&Aを実現した「事例紹介」の記事が掲載されていた。その事例紹介記事をいくつも読むうちに、武本はある傾向があることに気がついた。それは「事業承継」とか「第三者承継」という言葉が頻出することである。

地方で長く操業し一定の存在感があって雇用にも貢献している中小企業だが、後継者難

で困っている。社長が高齢なので、このままでは黒字なのに近いうちに廃業に追い込まれそうだ。社内では後継社長となれるような人材はとても育成できない。そこでM&Aアドバイザリー会社に相談したところ、経営を引き継いでくれる買い手企業が見つかり無事に企業が存続することができ、雇用も守ることができた。あわせて社長自身もM&Aの対価としてまとまった金額が得られたため、老後生活の資金面が安泰になった。

このような構造のストーリーになっている事例紹介が、圧倒的に多い。ブルー電機のM&Aも、買い手はファンドではあったが基本的な構造は同じだったといえる。

社長が辞めなければならなくなり、後継者が不在のときM&Aによって会社が救われるということは必要だろうし大切なことだとは思う。だがM&Aアドバイザリー会社の事例紹介がそればかりだということに、武本は少し違和感を覚えた。

それは祐二から聞いたアメリカの起業家やM&Aコンサルタントの話とはだいぶ異なる気がしたからだ。企業と企業を、あるいは事業と事業を結びつけることで新たなマーケットを開拓して、ビジネスの領域を広げたり新たな製品市場を生み出したり、あるいは

ＧＡＦＡＭなどにジョインすることで画期的な新サービスが生まれているようなＭ＆Ａ事例がないのかと探してみた。

ＴＯＢ（株式公開買い付け）を介した上場企業同士のＭ＆Ａや、あるいは上場企業の部門がＭＢＯ（マネジメントバイアウト）Ｍ＆Ａによりカーブアウト（経営戦略として親会社が子会社や自社事業の一部を切り出し、新しい会社として独立させること）して、新たな企業を起ち上げたような話は新聞記事などにはあったが、なぜかＭ＆Ａアドバイザリー会社の事例紹介では、ほとんど見掛けなかった。

次に武本は、オンライン書店で検索してタイトルに「Ｍ＆Ａ」が入っていてＭ＆Ａに関連しそうな書籍を10冊購入した。大学院で学問への取り組み方を学んでいる武本は、仕事に関する知識や情報についてもＷｅｂサイトや動画サイトの情報を頭から信じるタイプではなく、書籍から学ぶことを基本としていた。

しかしブルー電機の後輩のなかには、例えばプロジェクトマネジメントの考え方やプログラミング技術など、業務に深く関わるような話をネット情報だけで学んだ気になっているような者もいた。ネット情報といってもオンラインスクールなどではなく、誰でも見られる無料の公開情報だ。

もちろんそのような情報がまったく役に立たないというわけではない。海外の最新動向などを調べるときには役立つし、なかには無料で公開されているＷｅｂサイトでも、驚くほど密度が高く内容豊富なコンテンツが構成されていることもある。

だが、ネットの無料公開情報は内容が古かったり間違っていたり、間違いとまではいえなくても偏った内容になっていることがよくある。玉石混交の情報のなかから、本当に役立つものを取捨選択するためには、正統的な基礎知識を身につけている必要がある。ところが、そのプロセスを飛ばして、断片的なネット情報だけに頼って自分に十分な実力がついていると勘違いしている者もたまにいた。やはり学校や書籍で系統的な勉強をして基礎を身につけていないと、いくら表面的や断片的な情報を集めても仕事では使えないことが多いと武本は感じていた。

ネット書店から届いた10冊のＭ＆Ａ関連の書籍や、また、それらの書籍のなかでもたびたび言及されていることのあった経済産業省が策定しているＭ＆Ａについてのガイドラインなどを武本は読みすすめていった。

書籍のなかには、コーポレートファイナンスや会社法など専門的な内容に踏み込んだものもあり武本の知識ではよく理解できない部分もあったが、そこはあとから学ぶ宿題とした。

書籍やＷｅｂサイト、また、叔父に勧められてから毎日読んでいる『日本経済新聞』からは、日本では中小企業の後継者不在による事業承継問題が深刻化していることで、そのサポートをビジネスチャンスととらえてＭ＆Ａアドバイザリー会社がたくさん生まれている、という状況であることは把握できた。また、Ｍ＆Ａを仲介するＭ＆Ａアドバイザリー会社が、会社としてどのような業務を行っているのかもイメージはつかめた。だがそこで働くＭ＆Ａコンサルタントが具体的にどんな仕事をしているのかは、これまでエンジニアとしてもの作りの仕事しかしたことのない武本にはイメージしにくかった。

「たぶん、銀行や証券会社など金融機関で営業の仕事をしていたような人なら、具体的なイメージが湧くんだろうけど」と思うと、まったく畑違いの分野から自分がＭ＆Ａ業界に入ることができるのか、不安になる。

実際、転職スカウト会社からも、武本が第１志望として登録したＭ＆Ａアドバイザリー会社からのスカウトは来なかった。ただ待っていても仕方ない。業界の状況がだいたい把握できたと思った武本は、M&Aアドバイザリー会社のWebサイトをチェックして、採用ページがある会社には、片端からエントリーシートを送った。

初めての転職面接

エントリーシートを送ったうちの1社、M&A業界大手といわれているM&Aアップ社から、転職者対象の会社説明会を開催するという連絡があり、武本はもちろん参加した。東京・港区にあるM&Aアップ社の本社ビルの大会議室で行われた説明会には10名ほどの男女が参加していた。会社の沿革や事業内容、給与制度、待遇などの説明のあと、実際にM&A業務を行っているコンサルタントから、どのように仕事をしているのか説明がなされた。武本にとっては、その内容はWebサイトや書籍で得ていた情報を超えるものではなかった。40分ほどの全体説明のあと、会議室の隅の簡易的なパーティションで区切られたスペースで、個別面接が行われた。

面接官は、スーツをかっちりと着こなした40歳ほどの男性だった。パソコンの画面で武本のエントリーシートを見ながら「前職はエンジニアですよね。どうしてM&Aの仕事に興味をもたれたのですか」とたずねた。武本は、ブルー電機がM&Aされて自分のいた部署がなくなったことや、叔父の話などをきっかけに、ビジネスの上流に関わる仕事がしたくなったといった話を率直に語った。面接官はまっすぐに武本の顔を見ながらうなずいていた。続いて、うちで活躍している人は金融機関出身者や営業出身の人が多いが、そういう人たちに交ざって営業をやっていける自信はあるか、とも聞かれた。

武本は正直に、経験がないので分からないが努力はすると言った。

面接官は続けて、以前の仕事でやりがいを感じたのはどういうときだったか、とたずねた。武本は、細部までこだわった完成度の高いプロダクトを作り、それが完成したときがうれしいと答えた。すると面接官は柔和にほほえんで、なるほど、きっと良い製品を作られていたのでしょうね、と言ったが、ただ、と続けた。うちのような会社では、一つひとつの仕事の質も大切だけれども、それより量をこなしてもらうことが重要です。タイクカイケイですよと続けた。武本は一瞬混乱しつつもすぐに「体育会系」のことかと理解したが、どう答えていいか分からず「はぁ」と少し間の抜けた対応をしてしまった。面接官は、柔和な表情を崩さないまま、武本さんの長所や資質が活かせる業務がありそうかを慎重に検討してご連絡しますと言い、面接は終了した。

ライバルとの出会い

武本が面接官に対して抱いた印象は悪くなかったが、あの対応ではおそらくだめだったのだろう。M&Aアップ社が入るビルから出ると、武本はどっと疲れた気がして、一休みしようと、隣にあった喫茶店に入った。

注文したコーヒーを待つ間、若い男性が店に入ってくるのが見えた。何気なく顔を向けると、武本と目が合った。男もコーヒーを注文し武本のほうをチラチラと見ていたが、やおら立ち上がり武本の席にやってきて、さっきM&Aアップ社の説明会にいなかったかとたずねた。武本はいぶかしげな目を向けて、あいまいにうなずいた。男は、自分も説明会に参加していたのだと告げ、ちょっとここいいですかと言って武本の返事も待たないうちに自分の鞄を持ってきて武本の対面に座った。男は須藤と名乗り、よろしくと言って笑った。なんだこのやけに押しの強い男は、と武本は警戒したが、須藤の笑顔は初対面の武本の警戒心も解かせる人懐こさがあった。

「すみませんね、なんだか図々しくて。でも、もしかしたら同僚になるかもしれないでしょ？　それに、転職活動の情報交換は多いほどいいものですよ」

武本の気持ちなどおかまいなしかのように言う須藤に少々面食らったが、確かに情報交換ができる相手がいることは悪くない。武本は自分の名前を名乗ってから、須藤に面接の感触がどうだったかたずねた。須藤はさも自信がありそうに、感触は良かったと言った。武本は少し傷つきながら、自分はまったくだめだったので、たぶん同僚にはなれないだろうと言った。

「そうなんですか。武本さんは、ちょっとM&Aコンサルタントっぽい感じじゃないですよね、雰囲気が。前職はなにをなさっていたんですか。僕は証券の営業だったんですけど」

須藤も、面接官と同じようなことを言うので、武本はやっぱりそうなのかと思いながら、メーカーでソフトウェアのエンジニアだったと伝えた。須藤は少し驚いた表情で、どうして畑違いの仕事からM&A業界を目指したのかと聞いた。

まるで面接だな、と内心苦笑しながらも、武本はさっき面接官に話したのと同じようなことを語って、須藤の意見を聞いた。

須藤はちょっと考えてから、正直にいえば、その経歴や動機だと、大手のM&Aアドバイザリー会社は難しいかもしれないと答えた。

須藤によれば、大手のM&Aアドバイザリー会社は、主に事業承継案件を扱う。事業承継案件はディールの金額が1億円から数億円程度の規模が主流で、投資銀行などが取り扱うディールと比べ比較的規模が小さいらしい。その代わり、潜在的なニーズの件数はたくさんある。そのことは、武本も事前の業界研究で理解はしていた。

だから、大手のM&Aアドバイザリー会社が中途採用の人材に求めるものは、とにかく数をこなせる営業力であり即戦力だという。もちろん、営業といっても、経営者を相手にするのだから、経営者に対する営業経験があったほうがいいし、そこで扱う「商材」は会社や事業そのものなのだから、企業経営や金融のことも分かっていたほうがいい。だからまず銀行など金融機関出身者が好まれる。続いて、証券や保険、不動産などの出身者も多い。また、ハードな営業経験があれば他業界出身でも可能性はある。ただし、経験があれば誰でもいいわけではなく、前職でトップ10％の営業成績を挙げていたものしか採らないといわれているらしい。

須藤はトップ10％の営業員だったのだろうか。須藤はもともと証券会社の営業だったという。トップ10％かどうかは分からないが、それなりに上位の成績を挙げていたらしい。

しかし、証券会社の将来は暗い、と須藤は言った。

「リテールの手数料はほとんどゼロになるし、ＡＩを使ったシステムトレードは普及するし。大口の営業先はどんどん減って競争は厳しくなる一方だし。それに比べて、Ｍ＆Ａはまだまだこれからの市場ですよ。実は、前職でもお客さんのなかにＭ＆Ａニーズのある企業はありました。そういうときに、Ｍ＆Ａアドバイザリー会社につないでいたのです。その仕事を見ていて、今後はこの業界は絶対伸びると確信しました。社長が高齢化しているのに、後継者不在でM&Aが必要になる中小企業は60万社ともいわれていますからね。これから10年くらいが、事業承継型M&Aのバブルというかゴールドラッシュというか、そんな時代でしょう。稼げるチャンスです」

一気にまくしたてた須藤に、武本は、M&Aアップ社には、年収1億円を超えるプレイヤーもいるということをネットで読んだことがあると話した。

須藤はうなずき、大手M&Aアドバイザリー会社を志望する人はほぼ例外なく高い報酬が目当てであり、もちろん自分もそうだがと言い、しかし武本はちょっと雰囲気が違うみたいだと言った。

「武本さんは、インセンティブ報酬目当ての転職なんて聞いたら、ひいちゃいますか？」

そんなことはないと首を振る武本に、須藤は自分のことを語り始めた。須藤の家は貧しくて、親も自分も経済的な苦労が多かったので、カネを稼げる仕事がしたい、そして親に一戸建ての家を建ててやりたい、それが自分の夢だと。

武本は初対面の人間にそんな話をする須藤に少し驚いたが、そのオープンな態度は人懐こい笑顔とあいまって、嫌な気持ちは感じなかった。だが、武本はどう返事をすればいいか分からず、話題を戻した。

「M&Aアドバイザリー業界って、どこも同じような感じなんですか?」

「私が聞いた限りでは、大手はだいたいどこも同じだと思いますよ。ただ、ご存じだと思いますけど、今経産省に登録しているM&Aアドバイザリーは個人事業も含めてですが3000以上あります。そのなかで、数十人以上のコンサルタントを抱えている大手は、M&Aアップ社も含めて上場している5社と、それに続く上場予備軍の4、5社だけです。大手が極端に少ないんです。10~20名くらいでやっている中規模ブティックや、10名以下の小規模ブティックは、営業の件数を追求するだけじゃなくて、いろいろ面白いことをやっている尖った会社もあるでしょう」

武本のような経歴なら、大手よりも中堅どころの尖った会社を狙ったほうが、ハマるところが見つかるかもしれませんよ、と須藤はアドバイスしてくれた。

セカンドキャリアの道を拓く

M&Aアップ社からは不採用の連絡が来た。だが、面接をしてくれただけましであった。なぜならほかの大手M&Aアドバイザリー会社はすべてエントリーシートの書類選考で落とされたからだ。

すでに、ブルー電機を退職して1カ月が経っていた。やはりエンジニア出身では、M&A業界に転身することは無理なのか、と諦め掛けていたところに、転職スカウト会社を経由して、1通のスカウトメールが届いた。それが、プライムシフト社だった。プライムシフトの名前は武本の記憶にはなかったが、Webサイトを確認すると、社員40名ほどの中規模M&AアドバイザリーＩ会社でＩＴ系企業のM&Aに強みをもっているらしい。もちろん、ぜひ面接を受けさせてほしいと連絡した。

プライムシフトの1次面接でも、志望動機を聞かれた。武本はM&Aアップ社のときと同じように、自分の経験とそこから感じたビジネスサイドに関わりたいという気持ちを正直に話した。面接官は、ゆっくりとうなずき、ビジネスの上流に立つことは簡単ではない。

そうなりたいのなら、相当に努力をしなければならないが、その努力は必ず自分を成長させます、と言った。

前職の業務内容など一通り聞かれたあと、なにか質問がないかとうながされた武本は、プライムシフトの業務もM&Aアップ社などと同じように事業承継案件が中心なのかとたずねた。

「うちも事業承継のためのM&Aも扱いますが、中心となる分野はそこではなく、企業を成長させるためのM&A、成長支援型M&Aです」と、面接官は即答した。

企業に新たな経営資源を付加したり、垂直的あるいは水平的な連携による補完効果やシナジーを生んだり、あるいは市場シェアを高めたりする、そういったことを目的としたM&Aをまとめることが、プライムシフトの目指すM&Aだ。そのためには、プライムシフトのM&Aコンサルタントには他社では求められないような相当に高い知識とスキルそして行動力が求められる、と面接官は述べた。

その言葉は、武本にぜひそんな仕事をしてみたいと魅力を感じさせるものであり素直にそう伝えた。

面接官は、武本には金融業務の経験がないがM&Aのことや M&A業界のことをどうやって勉強したのかとたずねた。M&A業界の就職研究を始めた当初は10冊の本を読んだが、それからさらに数冊、やや専門的な本も読んでいたのでそれらの書籍の名前をいくつか挙げた。面接官は、よく勉強していますねと言い、M&Aのプロセスや課題などについて、いくつか質問をした。武本はそれらにほぼ答えることができた。

面接官は1冊の書籍の名前を挙げてそれは読んだかとたずねたが、武本は読んでいなかったのでそう答えると、読んでおいたほうがいいですよと言われた。ほかには少し雑談のようなものがあり、面接は終了した。

手応えは正直いってよく分からなかったが、面接官が説明してくれた会社の目指す方向性や、業務内容は、M&Aアップ社とはまったく違っており、まさに武本が求めていたM&Aの仕事であった。喫茶店で話した須藤の、大手よりも中堅どころの尖った会社を狙ったほうが、ハマるところが見つかるかもしれないという言葉が思い出された。

数日後、2次面接に来てほしいというメールが届き、武本はフーッと安堵のため息を吐いた。1週間後に行われた2次面接では、前回の男性面接官に加えてもう1人、女性の面接官も加わって、2名での面接になった。

冒頭に男性面接官から、前回紹介した本は読んだかとたずねられた。武本はすぐに入手して読了していたのでその旨と、気づいた点を伝えた。面接官は、本を紹介しても読まない受験者も多いが言われたことを素直に実行するのは美点だと言った。

女性の面接官からは、自分より歳下の上司のもとで働くことは気にならないかと聞かれた。もちろんまったく問題ないと武本は答えた。そのほか、2次面接では武本が前職で行ってきた仕事の具体的な内容や仕事に対する考え方、将来にどのようなキャリアを築いていきたいのか、さらには日本経済に対する見通しなどさまざまなテーマが話題に上った。給料や休日など待遇面の具体的な説明もなされた。時間は90分を超えていた。

2次面接の感触は悪くなく、無事に選考通過の連絡をもらった。最終面接は、プライムシフト社の村井社長が相手だった。

村井が過去にビジネス雑誌で受けたインタビュー取材の記事が何本かネットで公開されており、当然、武本はそれを読んでいた。

村井は武本と同じ三重県の出身だった。そして大学は違うが、国立大学の工学部を卒業している。出身県や学部が同じなので、武本は親近感を覚えた。だが、大学卒業後の村井の進路は、武本のような大多数の工学系の出身者とはかなり違っていた。

村井は学部を卒業後、大学院に進学して経営学を専攻する。修士課程修了後、国内最大手のベンチャーキャピタルに入社した。投資業務やM&A業務に関わったが、入社した翌年から全社でトップの営業成績を挙げて社内を驚かせ、将来の経営幹部候補として嘱望されていたらしい。しかし、村井はそのベンチャーキャピタルを3年であっさりと辞め、別の企業で1年間マネジメント業務に携わったあと、自らプライムシフト社を創業した。

まさに、武本が目指している、ビジネスサイドで一貫して仕事をしてきたエリートの経歴だと感じられた。自分などとは、歩んできた道も見てきた世界も相当に違うであろう村井に、いったいなにを聞かれるのだろうか？　武本はさすがに緊張して、前日はよく眠れなかった。

だが、実際に会った村井の印象は、眼光鋭く人を見定めるといったものではなかった。村井は武本の高校にも友人がいたと言い、高校のときになにをしていたかという話になった。武本が文化祭の実行委員長をしていたと言うと、あそこの学校の文化祭は面白かったといった地元高校ネタで盛り上がり、面談のかなりの時間がそれに割かれた。

なにか質問があるかと聞かれ、武本は「どうしたら村井社長のようなずば抜けたビジネスパーソンになれるのでしょうか」とたずねた。

村井は少し笑って、自分は自然にこうなったので、どうすればあなたが自分のようになれるのかは分からないし、誰もが自分のようになる必要もないだろうと言った。

では、と武本は質問の仕方を変えて、自分のようなエンジニア出身の人間でも経営的な視点をもったビジネスパーソンに成長できるだろうかとたずねた。

村井は、まず成長を目指す姿勢はとても重要だと言った。なぜなら今のままでいいと現状に満足してしまえば、それは結局のところ現状維持ではなくて堕落につながる、それは企業であっても人であっても同じだ、と。武本が深くうなずくのを見て、村井はこう続けた。

「成長したいなら、地道な努力を素直に続けるしかありません。ズルい方法や、楽な近道はないのです。うちでの業務に、ハックは必要ありません。『素直に努力できる』ということがいちばん大切だと思います」

そして、村井は、1次、2次の面接官から、武本が素直に努力できる素質をもった人間だという評価を聞いているし、自分もそのように感じていると続けた。

「武本さんさえよければ、ぜひ私たちの仲間になって、成長を目指してください」

武本は立ち上がって、ぜひよろしくお願いしますと深く頭を下げた。

求められるのは「知的行動力」

入社初日、会社の全体像や各部署の役割、業務の進行など基本事項に関するオリエンテーションが行われた。面接のときは伝えられていなかったが、武本のほかにもう1人、沼上という男性も武本と同時に採用されており、一緒にオリエンテーションを受けた。沼上は以前、地方銀行の融資担当だったという。

オリエンテーションを担当したのは、2次面接のときに面接官だった女性で、笹木と名乗った。笹木はオリエンテーションの最初に、M&Aコンサルタントの仕事において大切なのは、考えて行動することだと言った。

「考えるだけで行動しないのでは仕事になりません。しかし、考えずに行動する〝脳筋〟でも困ります。つまり常に深く考えながら行動することが必要であり、私たちはそれを『知的行動力』と呼んでいます」

そのうえで、プライムシフトの社員として求められる態度としては「素直に努力すること」だとも言った。これは最終面接で聞いた村井社長の言葉と同じだ。

「お二人はともに、M&Aコンサルタント業務は未経験ですから、M&Aコンサルタントとしては生まれたばかりのヒヨコみたいなものです。ヒヨコは、親の真似をして学びながら成長します。お二人も先輩や上司から言われたことを素直に受け止めて、自分のものとするように努力をしてください」

武本は手帳に笹木の言葉をいちいちメモしていたが、沼上はメモを取る様子はなかった。

笹木は続けて、最初に努力してもらうのはこれですと言い、資料を2人に渡した。1部は「プライムシフト50の原則」、もう1部は「スキルシート」と題された、それぞれ20

ページほどを綴じた資料だった。

「プライムシフト50の原則」は、「ビジネスマナー編」「ビジネス心構え編」「ビジネス実践編」の3部構成となっており、いわゆる行動規範と業務マニュアルをまとめたような内容だった。

初日のオリエンテーションは、「プライムシフト50の原則」のプレゼンテーションファイルを見ながら、笹木が解説する形で進められた。

2日目は、「スキルシート」の内容についてのオリエンテーションがあった。「スキルシート」は、プライムシフトのM&Aコンサルタントとして必要とされるスキルをまとめたものだということで、16の大項目で構成されていた。

0　M&A入門
1　ファイナンス
2　M&A実務
3　案件コントロール

4　経営戦略
5　M&A戦略
6　テクノロジー
7　海外動向
8　企業再生
9　市場規模
10　経済理論
11　マーケティング理論
12　M&A関連法律
13　M&A関連裁判事例
14　M&A関連会計
15　M&A関連税法

1〜15の大項目の下には、さらに5〜15の小項目が設けられており、小項目は「基礎スキル」「実務スキル」「プロスキル」のランクが設定されていた。そして、項目ごとに、どのような内容なのかという概要と、会社で契約しているEラーニング会社の講座と必読書籍が記載されていた。

例えば、「1　ファイナンス」の項目の「基礎スキル」には、「ROI／IRR／PB／NPV等の計算」という項目があり、必読書籍として『新版グロービスMBAファイナンス』（グロービス経営大学院　ダイヤモンド社）が挙げられている。また、会社で契約しているEラーニング会社の講座名も記載されていた。

「0　M&A入門」だけは、会社で作成したオリジナルテキストと、オリジナルEラーニング教材が指定されていた。

「お二人には、今後この内容をすべてマスターしてもらいます。まず、2週間で『入門』の内容を完全に把握してください。2週間後に確認テストを実施します」

笹木はそう言い、さらにその後「基礎スキル」「実務スキル」の学習に進むが、両方あわせて180～200時間の学習時間を想定していると告げた。その時間はもちろん、自宅での勉強時間も含まれている。ただし会社でも原則として週1回、スキルセットに関連した内容についてテーマを決めて社員同士で学ぶ2時間の社内研修の時間がある。自習だけでは理解が追いつかない点などは、そこでフォローすることもできる。

さらに月に1回は、外部から弁護士や税理士あるいはその他の専門家を招いて最新の制度や法改正、ビジネストレンドなどについて学ぶ特別研修もあった。

事業承継型M&Aと成長型M&A

なにか質問はないかと笹木にうながされ、武本は素朴な疑問を口にした。

「かなりの勉強量で少し驚きました。これだけの知識がなければM&Aコンサルタントにはなれないのでしょうか?」

それに対し、笹木は、プライムシフトのM&Aコンサルタントに多大な知識が必要とされる理由を以下のように説明した。

プライムシフトでは、事業承継型M&Aも扱わないわけではないが、中心となるのは成長型M＆Aの案件だ。

事業承継型M＆Aとは、一般的には後継者不在の経営者が、会社を残す目的で行われる。そこには、利益面や経済合理性だけでは割り切れない複雑な思いが交錯する。例えば、社名はどうしても残したいとか、従業員の雇用だけは守りたいなどだ。事業構造やビジネスモデルに基づく、経済合理性も求められはするがそれだけでは割り切れない人情の機微を敏感に察知して、現経営者の思いを汲み取ってそれを壊さないよう大切に扱える能力が大切なのだ。

一方で成長型M＆Aとは文字どおり成長が第一目的であり、必ずしも売り手の現経営者の退任を伴わない。またそこで重視されるのは、どのように企業と企業、ビジネスとビジネスを組み合わせれば事業を発展拡大させたり、企業価値を増大させたりすることができるのかという分析的観点だ。そのためには、M＆Aコンサルタントにも、高い事業分析力や提案力が求められる。少なくとも、経営戦略、事業構造、ビジネスモデルなどを語る経営者の話が理解もできないのでは問題外だ。そのうえで、さらに売り手と買い手双方の気持ちや人情の機微を理解する能力も求められる。ビジネスは経済合理性で動くが、それだけで動くものではない。分析力や合理性一本槍では限界がある。しかし、それらが占める割合が高いのが、成長型M&Aだといえるだろう。笹木の説明を聞いて、武本は、転職活動の初期に、M&AアドバイザリーしのWebサイトの事例を見て回ったときに感じた違和感を思い出した。祐二から聞いていたアメリカの話は成長型M&Aの話だったのに、大手M&Aアドバイザリー会社のWebサイトに掲載されていた事例の多くは事業承継型M&Aだったから違和感を覚えたのだ、合点がいった。

「量が多いとはいっても、さっき言ったように基礎スキルと実務スキルで180時間程度の学習時間です。平日に毎日2時間、週末に5時間学習すれば、12週間程度で終わりますから、たいしたことないですよね」と、涼しい顔で笹木は言った。

「ニーズドリブン」とは

「私からもいいでしょうか」と言って沼上も質問をした。スキルシートには企業再生の知識も含まれているが、一般的にはM&Aアドバイザリー会社が企業再生を扱うというのは、あまり聞かない。これはどうして含まれているか、という質問だった。さすが地銀出身の沼上らしい、突っ込んだ内容だった。

笹木によると、確かに再生案件はかなり売り手に密着して踏み込んだハンズオン支援をしなければならない。手間も時間もかかり、そもそも能力的にそれに対応可能なM&Aアドバイザリー会社が少ないという。

一方、企業再生を専門とするコンサルティングファームはあるが、そちらはそちらでM&Aは必ずしも前提としているわけではなく、コストカット等が主である。再生の仕上げとしてのM&Aが必要な場合はそれを苦手とすることが多いという。

成長型M&Aを主流で扱ってきたプライムシフトは事業に対する深い知見と、財務知識、また迅速にスポンサーとなってくれる企業候補も多数抱えているため企業再生のノウハウも実績も蓄積されている。そのためM&Aが前提になりそうな再生案件や、あるいは再生が前提となっているM&Aの売り案件の相談が、プライムシフトに持ち込まれることも少なくないのだという。通常のM&A案件に比べて、企業再生が絡む案件は手間も時間もかかり大変なことが多い。だが、企業をよみがえらせることは、やりがいもあり、社会的な意義も大きい。そこで、村井の方針としては、企業再生案件でも、相談が持ち込まれれば可能な限り応じるようにしているという。

「プライムシフトの基本的なスタンスに、『ニーズドリブン』があります。お客さまから求められることがあり、M&Aアドバイザリー会社として支援できることであるならば、最大限に応えていきたいということです。皆さんが業務に取り組む際も、自分の都合で進めようとしてはだめです。ニーズドリブンを忘れないでください」

ただし、と笹木は付け加えた。ニーズドリブンというのは簡単だが、それをいつも実践し続けるのは、とてつもなく大変なことなのだ、と。

なぜならM&Aにおいては、売り手も買い手も常に自分たちのニーズを正確に把握しているとは限らないからだ。M&Aにおけるニーズは、喉が渇いたから水を飲みたいというような、明確なものではない。そもそもなにがニーズなのかを売り手である経営者自身が明確に言語化できていないときもあれば、いくつものニーズが複雑に絡み合っていることもある。

その複雑かつ不定型で、時には言語化もされていないようなニーズを、まず分析して構造的に把握することがニーズドリブンの第一歩だ。そのうえで、Ｍ＆Ａ提案に臨む。それがプライムシフトのＭ＆Ａコンサルタントの仕事だと、笹木は言った。

最後に、明日からはいよいよ実際の業務に入ってもらうが、当面、２人は自分の下についてもらうことになるので、なにか分からないことや困ったことがあったら、すぐに自分に相談するようにと、笹木が告げ、長かったオリエンテーションが終わった。

会社からの帰り、武本と沼上は並んで駅まで歩いていた。

「さっきのスキルシート、Ｍ＆Ａアドバイザリー会社にしては、かなりしっかりした勉強をさせる会社ですよね。私は前職が銀行でしたから財務や金融の知識はありますけど、武本さんはゼロから勉強するんじゃ大変でしょう？」

「正直、心配もあります。でも、なんだか楽しみでもあるんですよ。昔、プログラミングの勉強を始めた頃のことを思い出します」

そういう武本を、珍しいものでも見たというような表情で沼上は「まあ、適当にやればいいんじゃないですか」と言った。

今度は武本が驚いて、沼上の言葉の意図を問いただした。

「適当にというと言葉は悪いですけど、要点、ポイントをつかめばよくて、あの内容の隅から隅まで、全部を理解しようとする必要はないってことです。要領よくこなしていくことも、仕事では大切でしょう？」

それはそうかもしれないが。武本は正直言って納得はできなかった。素直に努力するというのは、そういうことではないだろう？　そう思ったが、銀行で営業経験のある沼上と、エンジニア出身の自分とでは、土台となっている知識や経験がそもそも違う。彼は彼だ。自分は自分に対して納得できることをしよう。口には出さず、武本はそう考えた。

沼上は、武本の思いなどまったく気にかけないかのように話題を変えた。沼上によると、笹木は武本たちより歳下だという。年功序列の銀行で育った沼上は、やりにくいなあ、と言った。

武本は、自分たちより、相手の笹木のほうがやりにくいのではないかと感じた。

解説

M&Aにおける買い手と売り手

▼買い手の目的は事業拡大を図ること

M&Aには買い手と売り手とがいます。

M&Aの買い手がなぜM&Aを検討するのかといえば、一言でいえば「事業拡大のため」です。事業拡大の内容や形態は千差万別ですが、よくある形態の分類としては、「垂直統合」と「水平統合」とがあります。

垂直統合とはサプライチェーン上での商流の上流または下流の機能を補完する統合です。例えば、加工メーカーが原料メーカーを統合するとか、卸売業者が小売業者を統合するといったパターンです。

経営学者のマイケル・ポーターは、「バリューチェーン分析」という考え方を提示し、企業における事業活動のそれぞれの工程やプロセスをフェーズごとに考察し分析することで、それぞれのフェーズにおいて付加価値を見いだしていきます。それにより自社の強みと弱みを理解し、自社事業活動におけるどのフェーズにおいて付加価値が生み出されているかを把握でき、その企業の競争優位性の源泉になると論じています。垂直統合により、自社内のバリューチェーンを拡張することは、コスト減や付加価値増を通じて、競争優位性を強化させる可能性があります。

もちろん、これまでに保有していなかったバリューチェーンの上流、あるいは下流機能の統合が、その統合する機能の属する市場への新規参入となる場合もあります。この場合は、事業領域の拡大という意味合いが強くなります。

一方、水平統合とは、同一機能の統合です。例えば、喫茶店チェーンが、別のチェーンを買収して店舗数を拡大するというような統合です。この場合、目的は市場シェアの拡大による市場支配力の強化や、規模の生産性によるコスト低減、あるいは、既存の生産設備等の効率的活用（補完効果）などが考えられます。

また、新規の事業領域で事業展開をする、事業多角化を目的とした経営統合もあり得ます。

これらに加えて、シナジー（相乗効果）と呼ばれる効果が求められることもあります。シナジーとは、異質の要素が組み合わさることにより、それぞれの要素の総和を超える価値創出効果が生まれることです。例えば、コンビニエンスストアと銀行業が組み合わさることで、コンビニにとっては、ＡＴＭ利用を目的とした来店が見込め、銀行業にとっては利用者の利便性が上昇することによる利用増が見込めます。これは売上シナジーの例ですが、ほかにも、生産やマネジメント面におけるシナジーが得られることもあります。シナジーの有無もＭ＆Ａの目的とされますが、シナジーは事前にその効果を推測することが難しいという問題もあります。

いずれにしても、買い手はなんらかの点において、事業拡大のためにＭ＆Ａを行うことが一般的です。

また例外的なケースとして、例えば地域で雇用創出に貢献している企業が経営不振に陥った際などに、雇用維持や、地域経済の混乱を避けるためなどに、救済を目的として合併するといったこともあります。

なお、Ｍ＆Ａという言葉は、「Mergers（合併）and Acquisitions（買収）」の略で、例

えば債務超過に陥っており帳簿上の価値がゼロの企業を、対価の支払いなしで合併することも、M&Aの一つの種類です。

▼企業オーナーがM&Aをする理由

一方、オーナー企業が会社あるいは事業を売ろうと考える理由は、大きく分けると事業承継（後継経営者確保）か企業成長があります。

▼事業承継のためのM&A売却

事業承継のためのM&Aとは、言い換えれば後継経営者の確保です。現在の経営者が高齢になったなどの理由で、経営者の立場から退く際に後継となる経営者がいなければ廃業するしかありません。そこで、その会社の経営を望む第三者を探して見つかれば経営を委ねます。非上場中小企業のほとんどは企業オーナー（議決権の過半を有する株主）と経営者が同一人物の「オーナー企業」なので、経営者の交代は同時に株式の譲渡（＝M&A）を伴うことになります。

・株式の移転（売買）と経営者交代がセットで行われる
　ということです。

黒字の業績を続けている会社である程度の資産があれば、それに応じた株価が算定されるので、M&Aにより株式譲渡対価を得た経営者（オーナー）は、それを老後の生活資金などに充てることも一般的です。

▼企業成長のためのM&A売却

次に、企業成長のための売却という観点があります。

オーナー企業の経営者が、会社もしくは事業をより大きな規模に成長させたいけれど、現在の経営資源、あるいは自分の経営能力ではそれが困難であると認識した場合に行われます。自分よりも高い経営能力をもつ経営者に経営を委ねたり、あるいは自社にはない経営資源をもつ企業と資本提携したりすることによって、高い経営能力や経営資源を活用することで、自社、あるいは自社事業を成長させるという経営戦略としてのM&Aです。

社員数人の中小企業の経営と、社員100人規模の経営、1000人規模の経営では、同じ「経営」という名でも、行うことも、求められる資質もまったく異なります。

よく「社員20人の壁」「社員100人の壁」などといわれますが、会社組織が成長するためには、一定規模ごとに、非連続の質的な変化（壁の乗り越え）が必要であり、その変化を成功させるには、複数の質に対応できる経営能力が求められるのです。

言い換えると、企業の持続的な成長発展は、かなりの部分までが経営者の能力に依存するのです。同一人物が、この質的に異なる経営能力を有することはまれです。経営者自身が成長して、変化するという場合もありますが、それができないことのほうが一般的です。だからこそ、99％の中小企業は、中小企業のまま終わるのだともいえます。

また、仮に経営者に高い適応能力があって、企業規模が拡大しても高い経営能力を発揮できる人物だったとしても、その他の経営資源（人材、モノ、資金、ノウハウ等）が不足している状態では、成長のスピードは限られます。

そこで、それらを解決するための経営戦略上の選択肢がＭ＆Ａによって経営者を交代する、あるいは経営資源をもつ企業と提携する道なのです。後者の場合、株式の譲渡によりオーナーシップは移転されても経営者はそのまま留任するというパターンもあります。平たくいえば、オーナー社長から株を売って雇われ社長へと立場が変わるということです。これは株式会社において、オーナーシップを有する株主と業務に関する意思決定を行う取締役とは、別の機関であることから実現できる方法です。

逆に、株主はそのままで経営者（代表取締役）を交代させること、例えばオーナー社長が自分よりも優れた人物に代表取締役をまかせることも理論上は可能です。しかし現実的には、上場大企業の役員を担えるような優れた経営人材がオーナーシップの移転なしに、非上場の中小企業の代表取締役になってくれるということは、かなりのレアケースです。

したがって、企業成長のためのＭ＆Ａでは通常、

・株式の移転（売買）と経営者交代がセットで行われる
・株式は移転（売買）され、経営者はそのまま留任する

のどちらかとなります。

▼売り手の優先順位とは

事業承継型Ｍ＆Ａだから、事業の成長性は考えなくていいのかといえば、そんなことは

ありません。なぜなら、買い手のほうから見れば、成長可能性がゼロの事業では、買う意味が薄れるからです。事業承継が主目的であっても、やはり企業成長の可能性は考慮されます。

このように重なる部分があるとはいえ事業承継が第1の理由なのか、それとも企業成長が第1の目的なのかによって、どのような相手をマッチング候補としどのように相手にアプローチするのが適切なのかは当然異なってきます。例えば、事業承継に際して従業員の雇用継続を重視する売り手に、その企業の事業領域の選択により成長を図るという買い手を紹介するのは不適切なのです。

そのような状況を的確に理解して、最適な相手探しをすることは、M&Aコンサルタントに求められる重要な役割です。

▼高い知識と能力を磨く

事業の成長を目的としてM&Aを実施する買い手企業は、当然ながら自社事業の内容をよく理解して、そこに資する売り手を紹介してくれることを、M&Aコンサルタントに求めます。また売り手企業についても、その目的がなんであれ自社の事業さらには一般的なビジネスへの理解がないようなM&Aコンサルタントに、自社の売却をまかせたいとは思いません。相手の探索という面でも、譲渡価格という面でも、知識のないM&Aコンサルタントにまかせることは不安でしかないためです。

M&Aコンサルタントとして成功するためには、経営に関連する多くの分野についての幅広い知識が求められます。

ストーリーのなかで触れられている「スキルシート」は、小項目など細かいところは少し変えていますが、大項目の内容は実際に私たちが新入社員に渡しているものとほぼ同じです。ただ時代に応じて内容は少しずつアップデートしています。

一般的なM&Aアドバイザリー会社で働いているM&Aコンサルタントでも、スキルシートの内容をすべて理解している人は少ないと思われます。

逆にいえば、M&Aコンサルタントを目指そうと考える人、あるいはM&Aコンサルタントに限らずビジネスの上流に立ってビジネスをコントロールしたいと考える人であれば、基礎的な知識や素養としてスキルシートに挙げられているような項目内容をマスターすることは不可欠であると考えています。少なくとも企業経営者と話をし、経営者になにがしかのアドバイスをするような立場の業務に就きたいのであれば、項目に挙げられている程度の知識がなければ土俵に立てていないと思われても仕方ありません。

20代前半までに身につけておければベストですが、学ぶことに遅過ぎるということはありませんので、何歳の人でも自己研鑽の目標として利用してもらえたらと思います。

▼どんな会社が自分に向いているか

現在、国内で実施されているM&Aの多くは、事業承継型です。したがって、M&Aアドバイザリー会社も、事業承継案件を足で稼いで数をこなすことを重視している会社のほうが多数派だと思われます。もちろん、そのような社会的ニーズが多数あるのですから、それに応えるサービスを提供することは必要です。

一方で少数派になりますが、M&Aによって事業を成長させるための支援を行うことを中心としているM&Aアドバイザリー会社もあります。私の会社もそのなかの1社です。

M&Aコンサルタントを目指す求職者の立場で考えたとき、事業承継型M&A案件を中心とする会社と、成長型M&A案件を中心とする会社のどちらが「良い」とか「悪い」ということは、当然ながらありません。どちらの会社も社会的ニーズに応えるために事業を行っており、社会に価値を提供している存在意義のある会社です。

ただし、同じM&Aアドバイザリー会社といっても、両者ではM&Aコンサルタントに求められる資質や能力、そして業務の内容も、かなり異なる部分があります。そのため、人により、向き不向きの問題はあると思います。

そしてそれは残念ながら、M&AアドバイザリーのWebサイトや求人サイト、あるいは求人スカウト会社から送られてくる募集要項などから分かるものではありません。ほかの職業と同様に実際に面接をして、面接の担当官や社長などと率直に話をしてみるのがよいです。なるべく多くの面接を受け、実際の話を聞いてみなければ自分に合うかどうかの判断はつかないと思います。また、給与、待遇や勤務時間などの定量的な要素は募集要項に記載はされていますが、実際の働き方については、やはりそれだけでは分かりません。こういった情報も多くの面接を受けるなかで、確かめていくのがよいです。

第3章

〝完璧〟を目指すも経験不足による
ディールブレイクの日々

〜きめ細かい調整力が求められる成長型M&Aディール〜

テレアポと勉強の日々

武本たちが最初に教えられたのは、企業に電話をかけてM&Aのニーズがないかを探る営業電話、いわゆる「テレアポ」だ。まず、スクリプト（想定応答マニュアル）が渡され、笹木を相手にロールプレイングでの練習をした。

武本は初めてのテレアポ業務で、ロールプレイングもなかなかうまくできなかった。ちょっと想定外の対応をされると、あわててしまう。一方、沼上もテレアポは初めてだということで最初はたどたどしかったが、営業経験はあるため、すぐにコツはつかんだようだった。ロールプレイングでこれでは、本当にかけるときはどうなるんだろうと武本には先が思いやられた。

その日から、武本たちの仕事はテレアポが中心になった。用意された電話リストに沿って電話をかけ、売り手や買い手としてのM&Aのニーズがないかを探る。相手から前向きな反応があれば「見込み顧客」となり、資料の送付、オンライン面談や訪問面談などへと進む。どんな業種でも同じだが、数多くのリード（見込み顧客）を獲得していくことが、事業の入り口として重要になる。

だが、テレアポだけをしていればいいわけではない。見込み顧客が獲得できれば、資料の作成、送付や、面談の準備、実施も必要だ。電話リストにない会社でも、ネットやマスコミなどで伸びている新興企業が紹介されていれば、そこも見込み顧客にならないか、会社で契約しているデータバンクなどを使って調査してから電話をかける。

また、笹木やあるいはほかの先輩コンサルタントからの指示で、さまざまな企業についての情報を集めて調査をしたり、提案資料の素案を作ったり、売り手から送付された資料や契約書ドラフトの内容を確認したり、コンサルタントが顧客との打ち合わせに出掛けるときには、アシスタントとしてついていったりと、種々の業務があり、多忙な毎日だった。

朝は7時前に起きて、8時半に出社する。帰宅はだいたい夜8時か9時頃だった。時には終電になることもあった。独り暮らしの武本は、その後、食事や入浴のほか、簡単な家事もこなしてから、スキルシートで指示された勉強にも取り組む。

税務、財務、法律など、これまではほとんど縁がなかった世界を知る勉強は、確かに面白くもあったが、なにしろハードな仕事で疲れて帰ってきてからでは、なかなか勉強もはかどらない。

会社では、沼上や笹木と一緒にランチを取ることが多かった。ランチのあとなどに、スキルシートで指定された書籍で分からないところを沼上や笹木に見せながら、「会社法のこれなんだけど…」と聞くと、2人は時には呆れた顔をしながらも、ポイントを説明してくれる。

武本が分からない内容を聞いたとき、先輩の笹木は当然としても、同期の沼上もだいたいのことは知っていた。武本は少しずつ、焦りを感じてきていた。

成果を出せないことへの焦り

武本が焦りを感じていたのは、知識学習の面だけではなかった。

肝心の業務、つまりテレアポによる営業活動でなかなか成果が出せなかったことのほうが武本の心には重くのしかかっていた。プライムシフトでは、ベテランであれば通常、1

カ月のテレアポで、15件程度のリードを獲得するのが標準的だとされていた。慣れない新人は、その半分、7、8件取れれば上出来とされた。沼上は初月から7件のアポを獲得していた。ところが、武本は初月1件しかリードが取れなかった。

武本ははっきりと、テレアポが苦手だと自覚していた。実際にやってみるまで、こんなにもテレアポが難しいということは、まったく想像していなかった。

テレアポのスクリプトには、想定問答があったが、そこから少しでも外れる質問や疑問、反論などが相手から出されたとき、それをうまく〝かわす〟ことが、話を早くまとめるコツだ。要は詳しい話はお会いしたときにご説明します、ということだ。ところが、エンジニア気質のためか、仕事では常にすべてに「正解」を答えなければならないという気持ちが強い武本は、電話ですべてのことを説明しようとしてしまう。それなのに知識面がまったく追いついていないので、しどろもどろになってしまうこともよくあった。1件の時間が無駄に長くなる割には、返答が要領を得なくなることが多かった。

一方、銀行の営業で鍛えられている沼上は、電話での微妙な反応から、相手にニーズがありそうかどうかを判断するのがうまかった。すぐにテレアポにも慣れて、面談できる見込み客をつかまえ始めていた。

「武本さんは、まず声が暗いんだよ。もっと明るい元気な声で、話さないと」

沼上からはそう言われた。だが、開発目標に沿ってオーダーされたものを作るという仕事だけを長くやってきた武本にとっては、相手から望まれたわけでもないのに自分からアプローチするということ自体どうしても、うしろめたいような気持ちが生じてしまい、なかなか慣れることができなかった。


そんな武本を見て、笹木は「大丈夫。素直に努力を続けていれば、きっと成果が出ますよ」と慰めてくれるが、先輩との比較ならともかく、同日入社の同期と比べても明らかに自分のほうが劣っていると感じられるのは、武本にはつらかった。

笹木も転職組だが、もとは証券会社の営業出身だと聞いている。エンジニアから転身してきて、スタートラインから経験値に差があるという武本の気持ちを理解してもらうことが難しいようにも感じられた。

「やっぱり、自分にはM&Aコンサルタントになるなんて、無理なのではないか？　辞めるなら早いほうがいいだろうか」

眠れないベッドの中で、そんなことを考えることもあった。

自分のポジションを探す

あるとき、社長と笹木、それにもう1人のマネージャーの岡地が深刻な表情で話していた。社員40名のプライムシフトのオフィスはさほど広くなく、パーティションで区切られてはいない。社長室もなく、村井も他の社員とデスクを並べている。この規模の会社なら、社長も社員も含めて、全員が互いに顔の見える環境で働くほうがいいというのが、村井の考え方だった。

武本は笹木に頼まれた資料の作成をしながら、耳に入る3人の話が気になった。要件定義とか開発期間など、自分が親しんできたシステム開発の話のようだが?

デスクに戻った笹木に作成した資料のコピーを持参したとき、さっきの話はなんだったのかと、武本はたずねた。笹木の話は次のようなものだった。

古くからの付き合いで、プライムシフトを通じて何件も他社の買収をしたり、事業売却をしたりしている日野尾商事という大手商社がある。その日野尾商事から、M&Aのプロセスを効率よく管理できるシステムを共同開発できないかと相談を受けた。当面は、日野尾商事が自社で行うM&A業務の管理に利用するが、優れたシステムが作れれば将来的に外販することも視野に入れて開発したいというものだった。プライムシフトは、その提案を受けて新たにシステム開発業務を行うという。開発自体は外部のシステムベンダーを使うが、プロジェクトマネジメントをどうするか、という相談をしていたのだ。

武本は、即座に「その仕事、僕に手伝わせてください」と言った。笹木は驚いて、その意図をたずねた。

武本は、自分がテレアポが得意ではないことを自覚していた。このまま、その土俵だけで勝負をしていても、いつ結果が出せるか分からない。結果が出せないということは、つまり会社に貢献できていないということだ。会社に貢献できないのでは、入社した意味がないではないか。もちろん、苦手なことは克服しなければならないが、漫然とそれだけをしているのでは、いつになったら付加価値を生めるか分からない。

自分にできる貢献価値を考えずに、与えられた仕事を作業的にこなすだけであれば、前の職場での立場と同じだ。ビジネスサイドに立つために、自分は転職したのではないか。それなら、社内の狭い範囲ではあるが、できるところから、ビジネスを自分で作りにいって価値を生んでやろう。そのような思いから、武本は申し出たのだった。だが、そんな意気込み自体を笹木にぶつけていいものかどうか迷い、言いよどんだ。

すると、いつのまにか武本の後ろにいた村井が、「そういえば、武本の前職はシステム開発だったな。それなら、手伝ってもらってもいいじゃないか」と口をはさんだ。ただし当然だが、コンサルタントとしての仕事も覚えてもらう、だから仕事が増えることになるぞ、と付け加えた。こうして、システム開発プロジェクトマネージャーの岡地を補佐することになった。

生まれてきた余裕

5年以上ソフトウェア開発の現場にいて、多くの開発プロジェクトに関わってきた武本にとって、プライムシフトのM&A管理システム「PSマネージャー」は比較的シンプルなシステムであり、プロジェクトのレベルとしてはどちらかといえば容易なほうだと感じられた。

日野尾商事や外部ベンダーとのさまざまな調整・管理の手間はかかるが、そういう調整には手慣れていた。システム開発のプロジェクトマネジメントには慣れていない岡地マネージャーは「武本が手伝ってくれて本当に助かった」と言い、管理の多くを武本にまかせた。実質的には、武本がプロジェクトマネージャーのような役割になっていた。

もちろん、テレアポや企業調査、資料作成、笹木の補助などの仕事もそれまでどおりにやっていたので、単純に業務量は増えた。おそらくそれまでの2割増しくらいにはなっただろう。物理的には大変だったが、自分が自分にしかできない仕事で確かに会社の役に立っているという実感が得られたことは、武本を大いに勇気づけた。

不思議なことに、システム開発の業務に携わるようになり仕事量が増えたにもかかわらず、しばらくすると武本のテレアポの成績は上向いてきた。資料の送付や提案面談まで進む件数が、少しずつだが増えてきたのである。

「武本さん、最近、調子が上がってきましたね」と、笹木は言った。

「素直に努力をしていれば、必ず伸びる、笹木さんに言われたとおりでした」

「うん。それもあると思いますけど、仕事ぶりに少し余裕が感じられるようになっています。焦っていないというか。それもあるのだと思います」

笹木の言葉は、少し意外だった。武本自身は、とにかく毎日がハードでキツいという感覚だけで、余裕があるとまでは到底感じられていなかったからだ。だが、システム開発に関わるようになり、自分なりに付加価値を生んで会社に貢献しているという感覚をもてるようになってからは、そのキツさのなかにも充実感を覚え、以前のように悩むことがなくなっていたのは確かだ。それが自分でも気づかないうちに余裕を生んでいたのかもしれない。

「今はまだ難しいかもしれませんが、余裕をもって、仕事をするというのは気持ちのうえでも、実際のプロセスのうえでもとても大切ですよ」と、笹木は念を押した。

ディール遂行の難しさ

M&A業務のプロセスは、大きく分けて2段階で進行する。

前半部分は、オリジネーションと呼ばれる。

テレアポ、DM、セミナー、既存顧客や金融機関などからの紹介などによって、営業をかけてリードを獲得し、見込み顧客にアプローチして売り（または買い）ニーズとしてまとめて案件化する。会計士などと相談しながら企業価値評価を行い、各種提案資料を作成して、買い手（または売り手）に提案しながら相互にやり取りして、マッチングをするまでの段階だ。

相手候補が見つかってから、トップ面談や条件交渉をして、デューデリジェンス（買収監査）を実施し、その結果を踏まえてさらに細かい条件を詰めて、弁護士や会計士などと打ち合わせながら契約書に落とし込み、契約を締結する（クロージング）までのプロセスは、エグゼキューションと呼ばれる。

これらのすべてをプライムシフトでは1人の担当者が行う。担当する案件の量や業務の時期によっては、アシスタントを付けてもらえる場合もあるが、基本的には1人でこなさなければならない。

ベテランになれば、4、5件ものディールを同時並行で進めていくこともある。仮に5件を進めるとなれば、それぞれの売り手に対して複数の買い手候補がいるため、常に数十社と緊密に連絡し、打ち合わせや書類のやり取りをしながらディールプロセスを管理しなければならない。これだけでも、相当大変な手間である。しかも、それらのプロセスに1つでもミスがあることは許されない。

特に売り手企業オーナーにとっては、自分の会社を売るというのは、非常に大きな決断である。それは単に動く金額が大きいということだけでは決してない。金額の多寡よりも、ほとんどの創業経営者にとって、会社は自分が半生を注いで育ててきた、いわばわが子のような存在であるということが、決定的に重要な要素となる。

例えば、不動産の取引だって金額は大きなものになるだろうが、不動産取引などとは比べものにならないくらい、M&Aで会社を売ることは、オーナーにとって繊細な問題になる。そのため、普通の商取引なら大きな問題にならないような些細なミスやコミュニケーションのずれでも、M&Aでは容易にディールブレイク（破談）に結びつく。ここにM&Aコンサルタント業務の難しさがある。とにかく、1つのミスもなく完璧にディール全体をコントロールしなければならないということだ。

その点については、オリエンテーションでも強調されたし、「プライムシフト50の原則」「スキルシート」などでも同様の内容が繰り返し確認されている。繰り返し確認されているのは、それだけ重要だということでもあるし、完璧に遂行することが困難だということの裏返しでもある。

特に、ディールを最後まで完遂した経験がない新入社員にとっては、ミスなくディールを管理することの重要性を言葉では理解できても、実感として腹落ちさせることは不可能であろう。ここが難しい。海で泳いだことのない人が海で溺れたら危険だということを言葉で説明されて頭では理解できた気になっていても、実際に海で泳いで溺れかけたときに初めて、その怖さが身体で分かる。同様に手痛いミスや失敗をしなければ、なぜミスや失敗があってはならないかということが本当の意味では理解できないという話である。

そして実務上も、すべてのM&Aコンサルタントの新入社員は、手痛い経験を積みながらそれを糧にして成長していくし、それを糧にできない人間は辞めていく。少なくとも、これまでに村井や笹木が見てきた新入社員は全員がそうであった。

初めての失敗

武本は開発の仕事や、資料作成の仕事と並行して、だいたい1日に20～30件のテレアポをかけていた。プライムシフトでは、テレアポによってリードを獲得できる確率は、だいたい1・6％程度だとされていた。60件強の電話をかけて1件のアポイントということだが、それはベテランも新人も含めたトータルの数字だ。実際、武本が初めてアポを取れたのは、約200件目の電話だった。

武本がアプローチをしたA社から興味があるから話を聞きたいという反応が得られた。A社は、いくつかのWebメディアを独立した企業として運営し、広告収入をメインとしている企業グループで、そのうちの1社を売りたいという。

武本が獲得した見込み顧客なので、本来なら武本が1人で対応するべき案件である。武本はアシスタントとして笹木に同行して顧客との初回面談や提案面談は何度か経験しているが、完全に1人で顧客対応をすることは、まだできない。そこで笹木が同行したが、あくまで中心的に対応するのは武本である。武本は緊張して初回の面談に臨んだ。

A社の社長は、朴訥で控え目な印象を与える人柄で、初めて1人で提案に臨んだ武本も話がしやすかった。一通りの説明をすると、「どんな買い手がありそうか、候補を見せてください」と言われた。武本は3日で資料を用意すると約束し、会社に戻ってデータベースを検索してWebメディア運営事業に関係している会社を100社ほど抽出して、ほかの条件も加味して80社ほどに絞って例示のリストを作成した。

3日後に行われた2回目の面談。武本は、用意したリストを自信満々で提示した。ところが、社長はリストの最初から最後まで目を通し、微妙な表情で「うーん」とだけ言った。

武本は、予想外の反応に動揺しつつ、社長の感想を聞いた。社長は、A社がやりたかったのはメディアを売却した買い手企業と、そのメディアをハブとした新規事業を興すことで、メディア以外の新規事業に積極的に取り組んでいる企業でシナジーを得られるような企業と手を組みたかったという。武本が用意したリストに掲載されていたのは、メディア事業を専業的に行っている企業だけだった。

「新規事業開発によって、メディアとのシナジーが生まれそうな企業はありませんか?」

と社長に聞かれたが、武本は明確に答えることができず、同席していた笹木のフォローでなんとかその場はつないでもらった。結局その日はそのまま帰り、後日改めていくつかの買い手候補を見繕ってA社に電話をしたが、すでにほかのM&Aアドバイザリー会社に依頼することを決めてしまったという返事だった。

こうして、武本の初めての提案はあっけなく失敗に終わり、その顛末を社長の村井に報告した。村井は怒るわけではなく淡々と、しかしはっきりした口調で、武本の問題を以下の2点から指摘した。

1点は、しっかり「ニーズドリブン」を考えていたのか、という点。オリエンテーションで笹木に説明されたように、不定形で言語化されていないようなニーズを分析して、構造化した要素を把握したのか、それを言語化して、社長に伝えたのかという点だ。

そもそも社長がなぜM&Aを検討したのか、どんなニーズをもっているのかを最初からしっかり把握していれば、もっと響くリストを作ることができたはずだ。武本もニーズドリブンという言葉自体は、オリエンテーションで指導されたので記憶はしている。しかし、それを行動のすみずみにまで実践できていないということを反省させられた。

もう1点は、それに関連した「壁打ち」不足だった。「壁打ち」とは、プライムシフトの社内でよく使われている言葉で、次のような意味である。

M&Aに漠然とした興味を抱いている経営者でも、普段からM&Aを具体的に考えているわけではない。それはニーズが漠然として不定形であるというのと同じような意味だ。M&Aコンサルタントはそのニーズを明確化して言語化していかなければならない。

そのためには、まず事業理解が必要だ。どんな市場で、誰を顧客にして、なにを売り、どこから利益が生じているのか、売上を伸ばすためにはどの要素を増やせばいいのか、利益を上げるためにはどの要素を強化すればいいのかなど。さらに、競合との差別化ポイント、市場での優位性はどこにあるのかなども含まれるだろう。

これらの点は、業界、業種によってだいたいの定型はある。例えば請負で人口が売上に結びつくなら、なによりも人を増やすことが売上増のポイントで、この会社では優れた採用戦略が競争優位性の源泉になっているとか、プラットフォームビジネスで広告収益が主な収益手法の会社なら、広告費がそのまま売上増に結びつくが、利益を向上させるのは顧客の維持率である、といった具合だ。

そこで、では強みである人材採用力や顧客維持率をさらに伸ばすためにはこういう会社と組むのはどうでしょうか、といった提案をする。すると社長からは、いや実はそこを伸ばしても、こっちにボトルネックがあるので売上や利益は増えないという反応があれば、ではまずこの会社と組めばそのボトルネックはこうして解消できますよね、などというやり取りを通じて、あいまいだったニーズがどんどん明確化されていく。

このようなM&Aコンサルタントの仕事は、見込み顧客の経営者から買い手または売り手としてこんな会社がないか?とボールを投げられたときに、それならこういう会社はどうでしょうと打ち返すテニスのようなものだ。いいボールを打ち返せば相手も気持ち良く打ち返してラリーが続く。だが、コースアウトするようなボールを打ち返しても無視されるだけだ。

それを、社員同士、上司と部下などの間で「練習」のように行うことを、プライムシフト社内で「壁打ち」と呼んでいた。壁打ちは、単なる「質問」ではない。対象企業と相手企業候補の情報があることは当然だが、それに加えて、なんらかの仮説を立てておかなければ壁打ちにならない。漠然と「この会社に合いそうな会社はどこだと思いますか」とたずねても、呆れられるだけだろう。相手企業と相手候補企業の情報を幅広く集め、それをもとにいくつもの仮説を立て、その仮説を作っては壊し、作っては壊しを繰り返して、仮説の精度を高めていくプロセスだともいえる。

多くの業種や企業のデータが頭のなかにストックされており、相手と組んだときの事業成長や企業価値向上の可能性が瞬時に判断できなければ、相手が受け止めやすいボールを投げ返すことはできない。これも、一朝一夕で身につく能力ではない。実際に多くの壁打ちをして、実践で身につけるしかない。

指摘を受けて落ち込む武本に対して笹木は、経験値が低いのだから失敗することは仕方ない。肝心なのは失敗からなにを学んで、それをどう今後に活かすかだ、と言った。それを聞いたとき、武本にあるアイディアがひらめいた。

「笹木さん、お願いがあるのですが……。週に1回くらいでいいので、定例で壁打ちトレーニングの相手になってもらえませんか？」

武本の言葉をきっかけに、週1回、笹木をチューターとして、武本と沼上が参加する「朝会」が実施されることになった。その日の『日本経済新聞』に大きなニュースとして出ていた企業を題材として、その企業がどんな企業と組めばシナジーが得られそうかなどをその場で出し合うというものだった。沼上が挙げる企業を武本が知らないこともあったし、その逆の場合もあった。笹木がそれなら別のこの企業なら、こんなシナジーが得られるだろうと教えてくれることもあった。

さらに、武本は家でテレビやネット配信を観ているとき、番組やCMに知らない企業が出てくるとすぐにその会社や事業を検索して調べることを習慣にした。上場企業であれば有価証券報告書や統合報告書を確認してビジネスモデルや財務状況を簡単にメモしておく。

こうして、武本の頭のなかで、企業データベースも仮説構築力も少しずつ高くなっていった。

つかのまの喜び

入社から3カ月近くが経った頃、武本がテレアポで獲得した見込み顧客で、面談をしたB社から正式にアドバイザリー契約を締結したいという連絡があった。

笹木のサポートを受けながらではあるが、武本が専任で担当して、初めて専任契約まで結びついた案件であった。入社後3カ月で初めての契約というのは同社のM&Aコンサルタントとしては遅いほうであり、実際、同期の沼上はすでに3件の専任契約を得ていた。

だが武本自身にとっては、これでようやく自分も本格的にM&Aコンサルタントとしての一歩を踏み出せたと感じられる出来事だった。笹木も喜びつつ、しかし釘も刺した。

「武本さん、おめでとう。でもこれはまだスタートラインに立ったというだけで、これからが本番です。ゴールにたどりつくまで気を抜かないでください。M&Aのディールは、ちょっとしたことでブレイクするものですから」

うれしさで舞い上がっていた武本は、笹木の忠告にうなずいたものの、その含意を理解していなかった。そして実際、笹木が忠告したとおりになるのである。

B社は、コールセンター業務を中心としたバックオフィス業務のアウトソース受託を主事業とする企業だ。経営者のB社長は40代前半の女性で、複数会社でいくつかの事業を運営していた。別事業進出を検討していることから、その事業資金確保のために会社売却を望んでいた。初めてのM&Aなので不安なことが多い。ほかのM&Aアドバイザリー会社からも営業の声が掛かっていたが、武本の提案は会社への理解が深く、安心してまかせられる提案だと思ったと言われ武本はうれしかった。

専任契約の締結後から、ロングリストの提示、候補の除外、選定、ノンネームシートの送付、買い手候補との秘密保持契約の締結と、武本は一つひとつB社長に確認しながら、B社長の期待に応えられるよう丁寧に業務を進めていった。

Ｂ社との委任契約を結んだあと、すぐに別のＣ社との契約も取ることができ、またその前段階の提案を出せる顧客も増えていた。武本は以前の不調がウソのように社内でも上位の成果を出せるようになっていた。

「おいおい、急に調子よくなって、いったいどうしちゃったんだい？」

沼上からは、むしろいぶかる感じでたずねられた。

自分のなかで、テレアポへの意識が変わったことに武本は気づいていた。システム開発に関わるようになってからはテレアポの成績は少し上向いていた。そのときでも苦手意識は相変わらずあったが、それを今ではほぼ感じなくなっていた。振り返ってみると、以前は営業行為に対してどこか「押し売り」をしているような感覚があった。武本自身に、顧客にとって本当に必要かつ有益なサービスを案内しているのだという実感がなく、いわばただの作業に近い感覚でテレアポをしていたのだ。

ところが、Ｂ社との委任契約が取れて、Ｂ社長から信頼されるようになったことで、自分の仕事が本当に顧客の役に立つのだと実感がもてるようになり、やらされている作業ではなく、自信をもった提案としてのテレアポができるようになった。同じ行為をしていても、そこに込めている意味がまったく違っていた。それが当然のように結果にもつながってきたのだ。

しかし、Ｂ社とＣ社のディールがほぼ同時期に重なり、買い手との打ち合わせや問い合わせへの対応、提案書類作り、秘密保持契約締結など、つけなければならない段取りがどんどん増えていた。運悪くシステム開発のほうでも開発委託先でトラブルが起きてしまい、その対応にも追われることとなり、ほとんど毎日終電で帰らなければならないような忙しさとなった。

そんななかで、Ｂ社との間でトラブルが発生した。事の発端はＩＭ（インフォメーション・メモランダム）である。

ＩＭとは、買い手と秘密保持契約を結んだのちに、Ｍ＆Ａアドバイザリー会社から提示する、売り手に関しての詳細資料だ。通常は、Ｍ＆Ａコンサルタントが売り手企業の財務資料をはじめとした各種資料やヒアリングに基づいて作成する。

ＩＭは、その売り手がいかに魅力的で買い手にとってその企業を買収することでどんなメリットがあるのかを伝えることで、買い手の買収意思決定に大きな影響を与える重要資料だ。売り手企業の価値や魅力を十全に伝えられるＩＭを作成できるかどうかはディールの成否に影響を与えるので、Ｍ＆Ａコンサルタントにとっての腕の見せ所でもある。

初めて契約が取れた案件なので武本も気負ってかなりの力を入れてＢ社のＩＭ作成に着手したが、これが難航した。まず、Ｂ社の用意してくれた社内資料が膨大であり、もともと社内向けの資料であったために、どこが重要ポイントなのかが分かりにくかった。利益に関連したある数字で、どうしてもつじつまが合わないところがあり数日悩んだ末にＢ社長に問い合わせたところ、「その数字、間違っていますね」とあっさり言われて脱力することもあった。

あとで話が進んだときに相手側の取締役会起案の参考資料などとして使えるようにと、事業環境や業界動向のデータなどを調べるために、あちこちのデータベースなどを検索し、ああでもないこうでもないと試行錯誤をして長時間の残業をしたこともあった。

さらに、武本の前職の開発ではパワーポイントでのプレゼン資料など作ったことがなく、オフィス系のソフト操作に慣れていないということもあった。

ＩＭは、手慣れたベテランが作れば１日でできる。慣れていない新人でも１週間あれば、たいていできるだろう。ところが武本は、ほかの仕事もあるとはいえ、1週間を過ぎてまだ完成していなかった。社内承認フローへの提出期限が目前に迫っていた。

その様子を見て沼上は、無駄な仕事をしているのではないか、もっと効率よくやれよと言った。沼上は、テストじゃないんだから100点満点を目指す必要ないだろ、見せ方など多少稚拙なところがあっても、80点で合格できるものを早く作って社内承認に進んだほうが、うちの会社全体の利益という点から見れば最適なんじゃないか、お前は部分最適を追求し過ぎなんだと言った。

武本は彼の言葉が間違っていると思わなかったし反論もしなかった。しかし、エンジニアとしてもの作りの仕事を長くしてきた武本の経験上、自分が不十分だと感じているものを承認プロセスに回すということにはどうしても抵抗があったのだ。

結局、社内承認フローの提出期限に半日ほど遅れてしまった。武本の読みが甘かったのだ。

「今回は、実際にお客さまに提出するまでには、まだ少し余裕があるので遅れることはありません。しかし、もしお客さまへの提出が遅れたりしたら、大問題ですよ。今後は、期限は絶対に守ってください」

笹木はいつになく険しい表情で叱責した。

その2日後、武本は村井から呼び出された。なにかと思ったら、IMに誤字があったのだ。B社の役員のうち、髙橋という人がいたのだが、その「髙」の字を武本は「高」と入力していた。それを指摘する村井の表情は冷静だったが、口調は厳しかった。ここで気づいたからよかったが、もし気づかずにこれを顧客に提出してしまい、あとからB社長に指摘されればそれだけでディールブレイク（破談）になってもおかしくない。

プログラミングを考えろ、変数が1文字間違っていてもプログラムは正常に動かない。インフラを動かすプログラムにバグが出れば社会的な大問題になることは、君も元エンジニアなのだから、分かるだろう。私たちM&Aコンサルタントが作る書類もそれと同じだ。文字1つ、数字1つ、絶対に間違いがないということは、M&Aコンサルタントが作る資料の大前提だ。それを肝に銘じて今後は気をつけなさい、と村井は言った。

会議室を出た武本は、涙ぐんでいた。完璧なものを作ろうとして提出が遅れたのに、そのうえ間違いまであったとは……。そして、村井社長の話は１００％そのとおりだった。自分のデスクに戻ると沼上が、大丈夫か、顔色が悪いぞと心配そうに声を掛けてくれたが、武本はそれに答える気にもならず、小さくうなずいただけだった。

それから数日後に、ＩＭのデータが10社ほどの買い手候補企業に送られた。何社かは武本が直接持参し対面で詳細な説明を行い、そのなかの1社であるX社が興味をもち、意向表明書を出してくれることになった。

武本と笹木、それにX社の担当者とが、初めて会ってミーティングがもたれた。その席でX社の担当者は、あのＩＭ、分かりやすくてすごくよくできていましたね、資料も豊富で社内稟議も通しやすかったですよ、どなたが作られたのですかと言った。

武本は思わず立ち上がって、ありがとうございますと最敬礼してしまい、笹木は苦笑いして、立たなくていいと言った。その後、買収金額の条件が折り合わず、このディールは流れてしまったが、武本にとっては、苦い思いとともに忘れることのできない案件となった。

武本はその後、社外への提出はもちろん、社内での提出書類でも、期日を遅らせることはいっさいなくなった。また、武本が作成する書類には誤字脱字もなくなった。しかし、どれだけ注意していても、仕事には想定外のエラーが生じることはある。

あるとき、武本が買い手に提出したＩＭにおいて、過去の決算関係の数字に誤りがあると、売り手企業の社長から指摘をされた。しかし、武本が確認したところ、確かに預かった決算書に記載どおりの数字となっており、誤りは見当たらない。

狐につままれた気持ちで、事情を確認したところ、その会社ではある年の決算について、後年に税務署からの指摘を受けて、修正申告をしていたのだった。修正申告の手続きは税理士事務所にまかせきりで、決算を修正したという事実自体を、社長はほぼ失念しており、修正前の決算書のファイルを武本に渡していたのだった。

これには、武本も、また、書類をチェックするプライムシフトの管理部も気づくことはできずに、誤った数字が記載された書類が顧客に渡ってしまったのだった。武本は、仕事というのは本当に想定外の事態があるものだと思い、改めて気を引き締めた。

準備不足が響いた担当外し

C社は、ある上場企業の1事業部を別法人として独立させるカーブアウトM&Aの案件だった。事業部長だった人が新法人の社長となり、一方、株式はプライムシフトの紹介により、非上場の別会社が過半数を取得することとなった。

ディールを進めるにあたって、事業譲渡方式にするか会社分割方式にするかといった初期的なストラクチャ設計の段階も当然プライムシフトがアドバイスをしたが、その段階では会社法や税務の知識のほか経験も少ない武本には手に余り、実質的には笹木が準備段階は担った。その後の実務段階になってから武本が主導することになったが、特に苦労したのが秘密保持の問題であった。上場企業のカーブアウト案件であるため、万が一ディールブレイクした場合の競争環境の問題からも、また、金融商品取引法上のインサイダー取引防止の観点からも、どの段階で、どこまでの情報を出すのかについては、極めて慎重な検討が必要であった。秘密保持契約についても通常の入札案件とは異なり相互契約としたが、その対象範囲や期間を決めるだけでも、武本は双方の意見調整に奔走させられた。

あるとき、買い手との面談を終えた売り手の事業部長から、笹木にクレームの電話が入った。その内容は、武本が毎回の面談前に、自分がどこまでの情報を公開していいかというディレクションをしっかりやってくれないので、非常に困るというものだった。アジェンダや日程調整はしてくれるが、もっときめ細かく、ディレクションしてくれないとやりにくくて困ると言い、日程調整するだけなら子どもの使いと一緒だ、なんのためのコンサルタントだと言われた。

事業部長が言うとおり、先を読んで先回りして動いて必要な準備を整えることがM&Aコンサルタントに求められる役割であるが、経験が浅い武本は、次にやるべきことを想定して動くことができなかったのだ。

C社から、ディールは進めてほしいものの事業部長が武本に不信感をもっているため担当者を替えてほしいと、プライムシフトに連絡があった。以後、笹木が担当になり、武本はこのディールでは表には出ないアシスタント役とされた。最初は自分の営業でつかんだ案件だったので武本は無念であったが、自分の力不足が招いた結果であるから、自分を責めるしかなかった。

自問すべきは「自己満足ではなかったか？」

プライムシフトでは、社員同士で連れ立って仕事帰りに飲みに行くことは、あまりなかった。それは単に皆が忙しく、夜は勉強する時間に充てる社員が多いという理由もあり、また組織で業務を遂行するような職場とは雰囲気は違うという点もある。とはいえ、そういう機会がまったくないわけではない。

その日、武本と笹木、沼上とが連れ立って会社の近所のバーで飲んでいたのは、失敗続きで落ち込んでいた武本を慰めようという笹木の気配りだった。

武本はあまり酒に強くない。飲み始めてさほど時間も経たないのに、早くも酔いが回った様子の武本は、自分はM&Aコンサルタントに向いていないのではないか、辞めたほうがいいだろうかと、すがるように笹木に言った。

笹木はそれには直接答えなかったが次のような話をした。

最初から最後までまったくトラブルがないままスムーズに終わるディールなんて、まずあり得ない。大なり小なり、トラブルや問題が発生するものだし、少なくともトラブルに結びつく〝タネ〟はどのディールにも必ずある。それをできるだけ予測して顕在化する前に防ぐことが、M&Aコンサルタントに求められている役割なのだ。武本の失敗は認められるものではないが、武本がM&Aコンサルタントを続けていきたいなら、同種の失敗を繰り返さないためにどうすればいいかを考えるしかない。

また、沼上も口を開いた。

「武本さんがB社のIMを作っているときの話、覚えていますよね。M&Aコンサルタントはもの作りの仕事じゃないんだから、常に自分が納得するまで完璧なものを目指すっていうのは、やっぱり私は違うと思いますよ。あれって、お客さまのためになっていましたか？　武本さんの自己満足じゃないんですか？」

武本は違うと言いたかったが、言えなかった。だが、武本の代わりに笹木が沼上に答えた。

確かに、ある程度定型化されているような業務、ＩＭ作成でそういう部分があるのだから、そういうところは効率やスピード優先で型にはめてサクサク進めたほうが、結果的にお客さまの、そしてプライムシフトのメリットにつながるだろう。不必要なところにまでこだわるのは単なる自己満足だ。それで書類の提出が遅れるのでは、まったくの本末転倒でもある。しかし、期限に間に合わせるという前提を踏まえたうえで、より完成度の高い仕事を目指す努力は、最大限にするべきだ。現に、武本が作った資料はX社から評価を受けた。それを、見る人は見ている。手を抜かず、しかし、遅らせず、その両方を追求すべきだと自分は思うと、笹木は言った。

沼上はなにも答えずに酒のグラスを口に運んだが、ほんの一瞬、口元を歪めて小さく笑ったように笹木には見えた。

解説

M&Aプロセスについて

▼M&Aプロセスの前半で行われること

M&Aプロセスは、非常に膨大な工程があり、そのすべてを詳細に語ることはできません。ここではM&Aコンサルタントの役割という観点から、特に重要なポイントに絞って解説します。

M&Aコンサルタントがアドバイザーとして入る一般的なM&A業務のプロセスを解説します。

まず、売却または買収のニーズがある企業にアプローチをします。いわゆる営業といってもいいと思います。この方法はM&Aアドバイザリー会社によってもまちまちですが、テレアポをしたり、DMを送ったりという〝地上戦〟と呼ばれるような、昔ながらの営業方法が採られることもあります。

また会社によってはセミナー集客をする場合もありますし、コンテンツマーケティングによるWeb集客に力を入れているところもあります。

また、金融機関などから、あるいは既存の顧客からの紹介を得ることに力を入れているM&Aアドバイザリー会社もあります。私たちの場合は、半分以上は既存の顧客からのご紹介によるアプローチです。これは私たちがM&Aアドバイザリー会社としては比較的社歴が長く、多くの顧客の支援をしてきたことによるものです。

既存の顧客からの紹介は、テレアポやDMなどに比べて容易なアプローチ方法だと思われるかもしれませんが、当然ながら顧客に満足してもらえないと紹介はしてくれません。また、紹介によりアプローチをした顧客に不満があると、紹介元の顧客にも伝わるので、より慎重な対応が必要となります。その意味では、逆に難度が高いアプローチ方法だといえます。

アプローチをして、M&Aニーズがありそうだという見込み顧客だと分かれば、訪問して面談します。最近では、訪問ではなくオンライン面談となる場合もあるでしょう。

初回面談の前に、可能な限り先方企業のことを調査しておくことは当然です。ネット検索で分かる公開情報のほか、帝国データバンクなどの企業データ集や新聞データベースなどを使う場合もあります。

初回面談では、まずどんなニーズがありそうなのかを確かめます。事業承継目的が明確であれば、「いつまでに売りたい。それ以外には条件はない」などという具合に、売却ニーズが比較的、はっきりしていることもあります。

しかし、そのように明確にニーズが言語化されているケースは、むしろ少数派です。特に、企業成長をM&Aの目的と考えている経営者の場合は、それほどニーズが明確化されていないこともよくあります。漠然と「会社をなんとかしたい」と考えており、そのための戦略的手法としてM&Aでなにができるのかを知りたいという興味です。会社を売ったほうがいいのか、それとも買ったほうがいいのか、そのどちらも選択肢となり得るというケースもあります。

このような場合は、M&Aコンサルタントは、経営者のもつ本質的な課題を発見し、ニーズを明確化、言語化して、それを達成するための方法を提案しなければなりません。そこには、高い提案能力が求められます。

ストーリー中でも説明しているように、その場合、まず顧客の事業理解からスタートします。どうすれば、売上や利益が上がるのかを、KPI分析などにより、確認していくのです。そして、KPIとなる要素に影響を与えそうな事業を行っている企業とのマッチングを提案してみます。そのときに、これまで培った1万社を超える買い手企業との深い関係性や、日頃の「壁打ち」や学習で鍛えられた仮説力がものをいいます。ストーリーにも出てくる「壁打ち」は私たちの社内用語ですが、要は仮説検証のためのディスカッションのようなものです。日頃からの幅広い情報収集と、ビジネス理解、業界理解、そして仮説構想力がないと、いい壁打ちはできません。逆にいい壁打ちがたくさんできれば、顧客に実際に提案するときの〝ヒット率〟も高まります。

実際に顧客に、「御社の事業内容であれば、A商事のX事業と組めば、これまでにリーチできていなかった顧客とのタッチポイントを作れて顧客増につながる可能性があります」とか、「B通信のY事業と組めばサービスの稼働率が高まる可能性があります」といった提案をします。ここでは、まだ顧客のこともよく分かっていないので、あくまでざっくりした印象からの投げ掛けの場合もあります。そこでヒット率を上げるには、日頃の壁打ちが重要です。

次に、顧客が「A商事はいいけど、B通信は嫌だな」といった反応が得られます。その理由や、また、詳細資料のデータをもとに、社内でも、「この企業ならあの企業と組めば販売シナジーがある」とか「むしろ、あちらの企業と提携すれば、このような事業展開に結びつくのではないか」などの検討をします。

このようにして、仮説に基づく相手候補先の解像度を上げていき、その情報をベースにして2回目以降の面談に臨みます。2回目の面談で新たな情報が得られることもありますので、こういった面談プロセスを3〜5回繰り返します。

このようなプロセスを踏むことで、顧客の事業の全体像が把握できてくるのです。例えば漠然と「御社の強みはなんですか、弱みはなんですか」といきなり聞いても、正解がはっきりと得られることはまずないのです。「うちの強みはこれこれです」と経営者が言うこともありますが、それは単にそう思い込んでいるだけでKPI分析などを経て俯瞰的に見ると、実は別のことだったという場合もよくあります。事業を理解しその企業の本質をつかむことが最適なM&A相手を見つけることにつながっていくのであり、M&Aコンサルタントの腕の見せ所でもあります。

なお売り手企業であれば、財務指標をもとにどれくらいの譲渡価格になりそうかといった、ざっくりした譲渡価格感も提示します。そして顧客の意向が固まれば、アドバイザリー契約の提携に至ります。

▼情報コントロールの大切さ

アドバイザリー契約締結後は、具体的な買い手候補先を探してリストを作成します。リスト作成の段階ではまだ買い手にはアプローチをしていませんので、あくまで想定リストです。

M&Aアドバイザリー会社によっても異なりますが、私たちの場合100社程度のリストを作成し、これを売り手経営者に確認してもらいます。そして、リストのなかで「どうしてもここは嫌だ」という会社があれば教えてもらい、そこは除外します。

売り手が確認後の買い手リストの企業に、「このような売り手企業がありますが、興味はありませんか」という情報を提供します。この段階で提示する資料は、売り手の会社名などの具体的な情報が書かれていない、「ノンネームシート」と呼ばれるA4用紙1枚程度のものです。

ここで、「興味があります。詳細資料をください」といった反応が返ってくる買い手候補が、15~20社です。

その会社には、IMと呼ばれる詳細資料を送ります。これは、会社名のほか、事業内容、業績・財務などの詳細も記載されたものです。IMを提示する際には、あわせて秘密保持契約を結びますが、場合によってはその前のノンネームシートの段階で秘密保持契約を結ぶこともあり、企業がおかれている状況によって異なります。

この秘密保持は、M&Aプロセス全体で、M&Aコンサルタントが常に意識しておかなければならない、非常に繊細かつ重要な問題です。

特に売り手企業にとっては、「あの会社は売りに出されているらしい」といった情報が広まることは、経営上の大きなリスク要因になります。また、上場企業の場合、情報漏洩がインサイダー情報に関連してしまうこともあります。

さらに、M&Aは必ず成約するとは限らないという点もミソです。例えば、買い手候補が売り手の競合となる同業他社という場合があります。同業だからこそ、シナジーや規模の経済性を生みやすく、また事業を成長させやすいという面があり、M&Aのメリットが大きくなることはよくあります。

しかし、M&Aのプロセスでは、例えば売り手企業だけがもっている製造ノウハウなど、ライバルには知られたくないいわゆる「企業秘密」についても、開示する必要があります。M&Aが成就すれば問題はありませんが、そういった情報を開示したあとで、ディールブレイクしてしまった場合、企業秘密を知られただけという結果にもなりかねません。実際には買う気がないのに、ノウハウなどの企業秘密を知りたいために、M&Aに応じるふりをするという企業もあります。

とはいえ、M&Aの相手について、詳細な情報のやり取りがなければ、売り手も買い手もディールを進められません。なんでもかんでも秘密にすればいいわけでもないのです。

したがって、M&Aコンサルタントには、どこまでの情報をいつまでに開示するのかという、繊細な情報コントロールが求められます。

▼人情の機微への理解と配慮

事業承継型M&Aの場合は、「自分で育てた子を結婚させるようなものだ」といった比喩で語られることがあります。その含意は、売り手経営者にとっては、非常に大切にしているものを譲り渡すことであり、しかも生涯で一回あるかないかというビッグイベントであるということです。そのため、M&Aのディールのあらゆる面において、単に経済合理性だけで割り切るのではなく、人情の機微に配慮することが、M&Aの成否を分けることになります。成長型M&Aの場合は、成長させるという観点からの合目的性や合理性が重視されるので、事業承継型M&Aほどウェットな面は強調されません。しかしそれでも売り手の思い入れやディールで動く金額の大きさといった点から、ちょっとした心理的な障害がディールブレイクにつながる点では、事業承継型と成長型は大差はありません。経済合理性だけでドライに割り切ることはできないということです。

例えばA社とB社の2社の買い手候補があって、A社のほうが提示する買収価格は高かったとしても、B社のほうが売り手経営者の理念をよく理解してくれていて大切にしてくれそうだからB社に売却する、といったケースはよくあります。

また、買い手が「買ってやる」といった感じの上から目線であって、それが気に入らないから売るのをやめたといったことも珍しくありません。

したがって、M&Aコンサルタントは売り手と買い手双方の人物を注意深く観察してそのような事態が生じるリスクがないかを予見し、もしそういう事態が生じそうだと予測される場合は、事前に対応しなければなりません。

例えば、初期の情報提示の段階で、買い手に上から目線の態度が見られるのであれば、売り手と買い手とのトップ面談の前に、そのことについて丁寧な言い方で注意喚起をうながしておく、といったことです。

売り手と買い手との関係性だけではありません。M&Aコンサルタント自身の態度などが、売り手または買い手の人情の機微に触れてディールブレイクになることもあります。

単純な話ですが、M&Aコンサルタントが多忙で連絡が少し滞ったとか、事前確認のプロセスを1つ飛ばしてしまった、あるいは、契約書に1カ所誤字があった、といったことだけで「今回のM&Aはもうやめた」となることもあります。

これは、そのこと自体が取引を妨げる重大な瑕疵になるということではなく、会社の将来や多額の譲渡価格に関わる重要なディールなのに、「雑に扱われている」という感情的な理由、まさに人情の機微によるものなのです。

同様の理由で、もっといえば、M&Aコンサルタントの服装がだらしないとか、敬語がきちんと使えていないといったことだけでも、ディールブレイクの遠因になることもあります。

優秀なM&Aコンサルタントには、幅広い知識が必要になるのは間違いありませんが、知識だけあってもだめなのです。経済合理性だけでは割り切れない部分が多いM&Aというディールだからこそ、これを成功に導くためには、完璧な知識に加えて、人情の機微にこまやかに配慮できる「100%の気配り」が、求められるのです。

ストーリーでは、主人公の武本は情報の重要性をよく理解しておらず、自分が作るものを完璧に仕上げればいいと考えていました。これは、エンジニアをはじめ、もの作りの仕事に携わる人によく見られる感覚のようです。それも大切ではありますが、しかし、M&Aコンサルタントとして高い成果を挙げるためには、それだけでは不十分なのです。

第4章

社長の心に届いた成長型M＆Aの真のメリット

～経営基盤を強固にし、事業拡大を実現させる成長型M＆A～

新たな見込み顧客

武本がプライムシフトに入社してから、約8カ月が過ぎた。だが、武本が最終契約締結までサポートできた案件は、まだ1件もなかった。それでも、武本は腐ることなく毎日さまざまな企業を調査し、電話をかけ前向きな反応があれば資料を作り、提案をするという日々を繰り返していた。

ある日、武本はM&Aに興味があるというテクノミント社という会社に呼ばれて面談に出向いていた。

テクノミント社は、社員100名ほどの中堅システム開発会社だ。大手システム会社のシステムエンジニアだった丸山社長が、18年前に、同じくエンジニア仲間3名と一緒に創業した。メンバーは皆高い開発力を有しており、テクノミント社は順調に成長した。だが、創業から10年ほど経った頃、経営方針を巡る意見の相違から丸山社長以外の創業メンバーが退社してしまった。その後は、丸山が100%株式保有のオーナー経営者として会社を成長させてきた。

だが、ここ数年、丸山を悩ませていたのが、社内のエンジニアの高年齢化と、若手エンジニアが採用できないという問題だった。テクノミントの売上構造はほぼ１００％が請負で、何人のエンジニアがどれだけの時間、発注元で働いたのかにより売上が決まる。ということは、規模を拡大させていくには、基本的には社員を増やしていくしかない。

そのエンジニアの採用がなかなかできなくなっていた。特に、若手が採用できなくなっており、自社の社員が高年齢化している。現在の社員の平均年齢が40歳近くであり、もしこのまま新規で若手社員が採用できなければ、10年後は、社員の平均年齢は50歳近くになってしまう。周知のとおり、ＩＴシステム業界は技術環境の変化が激しい業界だ。最近では、ＣｈａｔＧＰＴなどの急速に進歩したＡＩがソースコードを生成できるようになるなど、パラダイムチェンジに近い劇的な変化が生じつつある。

そういった変化に対応するためには人材は若いほうがキャッチアップも早く、高年齢化すればするほど、新しい技術や環境への対応が一般的には難しくなる。近年はリスキリングという考え方も広まっているが、顧客を十分に納得させるだけの技術やノウハウを、高齢化したエンジニアが新たに身につけることは、口で言うほどたやすいことではない。

また、収益構造を変えるために、自社開発製品を自社ブランドもしくはＯＥＭ販売するのはどうかといえば、それはさらにハードルが高い。

実は以前、テクノミントでも収益構造の変化を企図して、クラウドサービスの自社開発をしたことがあった。しかし、販売力が弱く大きな成功はできなかった。さらには自社開発を主に担当していたのは、丸山社長とは別の創業メンバーであり、その人物が辞めてしまってからは、自社開発には取り組んでいなかった。足元の業績は一般的に外部から見れば好調だったが、丸山社長は会社の将来に対して、危機感を覚えていた。

絶対にないＩＰＯの選択肢

創業以来順調に成長してきたテクノミントには、さまざまな会社が営業にやってくる。そのなかには、丸山にＩＰＯを目指すことを提案するベンチャーキャピタルや証券会社もある。上場をすれば、まず知名度や社会的信用力が飛躍的にアップする。さらにガバナンスも整えられ社員が働きやすい環境も実現する。それらによって、優秀な転職人材や新卒社員の獲得が容易になるということだ。もちろん、１００％株主である丸山には、多額のキャピタルゲインも入るだろう。ぜひ上場を目指しましょう、と彼らは勧めた。

しかし、丸山は、少なくとも、自分が社長のうちはテクノミントを上場させるつもりはさらさらなかった。経営者同士が集まる親睦会や経済団体の会合などで、自ら起業して上場を実現したスタートアップ経営者と交流し、話を聞くこともあった。ＩＰＯを実現した起業家には、複数のタワーマンションの部屋を購入したり、何百万円もする時計をコレクションしたり、高級スポーツカーを乗り回したりする人が多い。なかには、シンガポールに家族で移住したという人も何人もいた。

だが丸山には、彼らの生活がうらやましいとか、目指したいという気持ちはまったく生じなかった。もともとエンジニア出身で開発の仕事が大好きだった丸山には、会社や事業を拡大させること、それ自体を最優先の目的だとは考えられなかった。現状維持は必ず衰退につながるという認識をもち、企業は必ず成長を目指さなければならないと丸山は考えていたが、それとＩＰＯすることとは別の話だ。

それよりも、ＩＰＯによるさまざまなマイナス面を引き受けることのほうが、丸山は嫌だった。証券取引所や監査法人に厳しく管理されること、不特定多数の株主に対して経営責任を取らなければならなくなること、時には乗っ取り屋のようなうさんくさい連中の相手もしなければならないこと、半ば公人となるためメディアにも監視されて、なにかあればプライバシーが侵害される場合もあること、などなど。

創業経営者にとって、上場してパブリックカンパニーになることには、良いことばかりではなく、さまざまなマイナスもある。もともとエンジニアで、コツコツとシステムを作ることが好きというタイプの丸山には、いずれも、遠慮したいことばかりだった。

また、金銭面についても、夫婦ともに派手な生活が嫌いで、資産を引き継がせる子どももいない丸山にとっては大きな欲望がなかった。現在でも、十分豊かな暮らしができる報酬を得ていて、それに満足している。堅実経営に徹してきた会社は、銀行との付き合いで多少借入がある程度の実質無借金状態で、十分な内部留保を有している。その点からも、ＩＰＯという選択肢は、現在の丸山にとっては考慮の外だった。

最優先事項は人材確保

以上のように自社を巡る状況を説明したうえで「人材確保のために、他社を買収できないか」というのが丸山の相談のテーマだった。これは武本の予想どおりだった。なぜなら、もともとは最初のテレアポによるアプローチのときに、武本のほうからそういう話を切り出して提案していたのだった。

もちろん最初の段階では、武本もテクノミントや丸山のおかれた状況を詳細に把握しているわけではない。しかし構造的に人手不足が生じているシステム開発業界では、人材確保のためのM&Aというニーズはまったく珍しくないし、実際にも頻繁に行われている。そのため、そういうニーズがないかと提案したところ丸山が興味をもったのだ。

最初の面談の際に、武本が丸山に以前はブルー電機に勤めて「ブルーテクスチャ」というソフトウェアの開発に携わっていたと話すと、丸山は感心した様子で、自分も「ブルーテクスチャ」を使ったことがある、あれはいいソフトだと言ってくれた。社交辞令もあるのだろうとは思ったが、武本はうれしくなった。ひとしきり最近のシステム開発動向などの四方山話が出たあとで、丸山はこう言った。

「ソフトウェアやシステムのことをこんなに話せるM&Aコンサルタントの人が来るなんて、思っていませんでした。ぜひ次は提案をもってきてください。武本さんがどんな会社を提案してくれるのか、とても興味があります。ただ……」

丸山は一度言葉を区切って、少し言いにくそうに、実は、別のM&Aアドバイザリー会社からも営業を受けていて、そちらにも候補探しを依頼しているのだと言った。その社のM&Aコンサルタントとこれからアポがあるという。社名は教えてもらえなかったが、どうやら業界大手の会社らしい。

もちろん、まだなんの契約もしていない段階で、丸山社長が競合他社と話をすることについて、武本にどうこう言う権利はない。次回いい提案ができるように頑張りますとだけ言ってその場を辞した。

今回のテクノミント社との話は、売り手候補探しだった。このような場合、ほかのM&Aアドバイザリー会社と競合となることがほとんどだ。複数のM&Aアドバイザリー会社に売り手探しを依頼しているのに、途中までそれを伏せたままで話を進める社長が大半だが、なかには隠し事が嫌いで、複数のM&Aアドバイザリー会社と話をしていることを知らせてくれる社長もいる。丸山もそのタイプのようだった。実直な性格らしい丸山に、同じエンジニア出身ということもあって、武本は好感をもった。

ライバルとの邂逅

テクノミントを出た武本が、駅に向かう通りの交差点で信号待ちをしているとき、「武本さんじゃないですか」と声を掛けられた。驚いて声のほうを見やると、確かに見覚えのある顔だったが、どこで会った人物か武本はすぐには思い出せなかった。

「須藤ですよ。M&Aアップ社の面接のあとで、喫茶店でお話しさせてもらったでしょう?」

そう言われて、武本は記憶の糸をたぐり、あのときのちょっと押しの強かった男かと思い出した。須藤はあのあと面接をパスして、そのままM&Aアップ社に入社したという。

なにをしているのかと聞かれて、武本は、プライムシフトでM&Aコンサルタントをしていると言って名刺を交換した。名刺交換をした瞬間、この周辺は高級レストランばかりで「テクノミント」しか企業らしい企業がないことに気がついた。もしや、と思い顔を上げると須藤も同じタイミングで気づいたらしく、須藤の顔から人懐こい笑顔が消えて、こわばった。須藤は、言葉には出さなかったが、事情を察したようだった。

「なるほど、そういうことですか。この業界は狭いですね」

そう言った須藤は、最初に声を掛けてきたときのどこか親しげな態度が消え、急によそよそしくなって足早に立ち去った。武本は須藤の後ろ姿を見やりながら、この人が相手なのかと思い、絶対負けない、と小さくつぶやいた。

意外な発見

武本は会社に戻ると、丸山から預かった会社資料や財務資料を広げた。新聞データベース、企業情報データベースなどにアクセスしながら、システム開発業界の事業環境分析や競合分析を進める。テクノミントの主要取引先業界の動向や将来予測をまとめた文献にもあたっていく。

――テクノミント社の技術力は確かで、業績は創業以来右肩上がりに推移してきた。しかし、ここ2年ほどは成長が鈍化して、成長の踊り場になっている。

――ボトルネックは、人材確保。

――IPOはその解決策になり得るが、丸山社長にその気はない。

など、武本はパソコンの画面を睨みノートにさまざまな要素や状況を書き出した。社内データベースに蓄積された企業データをスクリーニングしたり、また、データ会社から購入している過去の同業種のM&Aの実績データなども調べたりする。多くの情報を集め分析しながら、仮説を立て、マッチングの可能性を探っていく。

ああでもないこうでもないと思考を巡らせるなかで、武本はあることを思いついた。だが、確信がもてないので、笹木をつかまえて、会議室で次のような話をした。

テクノミント社の成長のボトルネックとなっているのは、人材確保だ。それに対する答えとして、丸山社長も自分もエンジニアごと他社を買収すればいいと思っていた。しかし、そこには会社を譲り渡す側の視点が抜けている。譲渡側の経営者から見て、テクノミントは自社と自社のエンジニアを、その将来を託したくなるような相手だろうか。

あるいは託すことで、自社が成長して、エンジニアもハッピーになるという見取り図が描けるだろうかと考えたときに、その可能性は低いのではないかと武本には感じられた。もちろん、いくらかの譲渡対価がもらえるなら、その後のことなど考えずに売りたいという経営者も、探せばいるかもしれない。しかし今度は、そういう会社を買ってもテクノミントのメリットは少ないように思える。

さらにいえば、丸山社長はＩＰＯを目指さないとも断言していた。テクノミントはある程度の内部留保を抱えて財務基盤は安泰だが、それを事業多角化などの成長投資にも回していない。

そこまで考えて初めて武本は、今回提案すべき内容は他社の買収ではなく、他社への売却なのではないかと仮説を立てるに至った。人材供給というテクノミントのボトルネックを解消してくれそうな譲渡先には、何社か心当たりがある。そういうグループにジョインすれば、丸山社長が、自ら陣頭指揮を執りながらも、会社は持続的成長が望める。

武本は自分の仮説を笹木に説明した。

笹木は、いいところに気づいた、提案する価値はあると肯定したが、一方で、丸山社長への切り出し方には注意が必要だとも強調した。おそらく、社長がまったく想定していないことだろうからだ。武本は、社長のもともとの意思に反するような提案をすることが不安だった。どうすればいいかと笹木にたずねた。

「小手先のテクニックは不要です。それが本当にお客さまのためになる提案だと信じるのなら、正面から真剣に、誠意を込めてそう伝えることに尽きます。相手の目をしっかりと見ながら伝えてください」

また、自分一人では不安なので一緒に来てくれないかと笹木にたずねると、笹木は首を横に振った。お客さまが気づいていないことや、実は知りたくない本当のことを伝えなければいけないことは、M&Aのディールではよくある。それをごまかしたまま進めてしまうM&Aコンサルタントも多い。しかし、それだと結局、お客さまにとって不本意な形での契約になってしまうか、あるいはディールブレイクするかしかない。タイミングの問題

はあるが、伝えるべきことは、絶対に伝えなければいけない。それができなければM&A
コンサルタントではないと、笹木は言った。

裏目に出た提案

1週間ほどのち、提案資料を持参して、武本は再びテクノミントの丸山をたずねた。

応接室のソファに座り、丸山は穏やかな笑顔で、いかがでしたか、いい売り手企業はありましたかと言いながら、武本にコーヒーを勧めた。

武本は、数社の概要が記された売り手の候補リストを提出した。まだ、秘密保持契約も結んでいないで、企業名などの詳細は記載されていない、ノンネームのリストである。

丸山はリストを手にして、眺めながら、おすすめはどちらなのですかとたずねた。

武本は、リストにあるA社やB社は非常にいい会社で、成長性も高いなど、いくつかの説明をした。

丸山は、仮にA社やB社なら、譲渡価格はどれくらいになりそうかと聞いた。武本が答えたのは相当な高額で丸山は渋い顔になり、なかなか厳しいねえ、と言った。その丸山の表情を見て武本は、今日は実は別の提案があると言い、笹木の言葉を思い出し丸山の顔を正面からまっすぐに見据えて言った。

「社長、逆にテクノミントの株式譲渡で他社との提携をご検討なさってはいかがでしょうか?」

丸山は一瞬ぽかんとした表情になり、その後、眉間にしわを寄せた少し険しい表情で、自分が頼んだのは、いい売り手を探すことだったはずだと言った。

武本は、それは承知したうえで、テクノミントと丸山社長の状況や丸山社長の考えなどを考慮すると売却も有力な選択肢になると考えられる、と述べた。不機嫌な顔で黙りこんだ丸山に、武本は理由をご説明しますと言い、続けた。

まず、基本的な現状認識として、エンジニア不足は今後も続く見込みであることから、エンジニア獲得目的でのM&Aは譲渡価格の水準が上がっているという現状がある。今示したように、優良企業を手に入れようと思えば、おそらくはテクノミントの内部留保では足りない。

また、M&Aは対価だけで決まるものではなく、将来の成長余地が見込めるなど、ほかの要素があれば、相対的に低い対価でも実現できる可能性がある。しかし、丸山自身が、高い成長を目指して、IPOを目標とするといった成長ビジョンを掲げておらず、社員の成長を支援する特別な施策も講じていないため、売り手から見るとそれらの面での魅力も感じられない。

さらに、失礼ながら丸山の年齢もある。テクノミントにジョインしても、近いうちに事業承継の問題に直面することは明白だ。そんな会社に優良企業、優秀なエンジニアが魅力を感じるだろうか。

武本は、概略そのような話を伝えた。

「売り手の経営者も、心血注いでわが子のように育ててきた会社を売るのですから、当然、できるだけ良い会社に売りたいと考えます。M&A後も会社を成長させてくれるか、社員が幸せに働けるかなどを真剣に考えます。今のテクノミントには、高い技術力をもっている売り手の社長が『この会社と一緒になって、成長を目指したい』と感じられるような要素が少ないのです」

丸山は厳しい表情で黙ったままだ。武本は続けた。

「では、逆に株式売却による提携ならどうでしょうか？」

そもそもテクノミントの課題は、人材採用だったはずだ。成長余地が大きくブランド力がある大手グループに加われば、採用は格段にしやすくなる。直接的にグループ会社からの人材の移転ということも考えられる。テクノミントの成長のボトルネックとなっている人材問題が解決すれば、事業を飛躍的に発展させられる可能性が高い。

「その場合、私はお払い箱だろう？」と丸山は言った。

武本は、丸山社長がそのまま代表取締役として経営に関与する可能性もあるし、会長などに退いて、新しい経営陣を招くということもできると説明した。また、後者の場合、新経営陣のもとで将来のＩＰＯも視野に入る。丸山自身はＩＰＯに興味がないとしても、もしＩＰＯできれば社員のモチベーションは高まり、採用もさらに有利になるだろう。

もちろん、丸山の希望どおり、売り手を探し続けてもいい。しかし、テクノミントの成長という観点からは、売り手を探すＭ＆Ａよりも買い手を探すＭ＆Ａのほうがメリットも多く、丸山社長のニーズに応えられるのではないだろうかと、武本はまとめた。

数日後、丸山から武本宛にショートメッセージがあった。そして、丸山が武本からの提案を断ったことを知った。

素直に努力する

武本は事の顛末を笹木に報告した。笹木は、結果は残念だったがお客さまのために本当にメリットがあると思える提案をしたのだから、プロセスは間違っていなかったと言って、武本を慰めた。そして、テクノミントのステイタスは見込みのままにしておいて、折りをみてフォロー連絡をするようにと命じた。

笹木に慰められるまでもなく、武本自身にも、受注ができずに残念だという気持ちはもちろんあったものの、不思議と後悔はなかった。むしろ、自分がやるべきことをやり切った、出せるものを出し切ったという達成感があった。とはいえ、せっかくの機会を失注したことは事実である。「ふーっ」と大きくため息をついて、自分のデスクに座った武本に、「武本さんはいつまで経っても要領が悪いね」と、やり取りを近くで聞いていたらしい沼上が声を掛けた。

「お客が『売り手を探せ』と言ってるんだから、『はいはい』と言うことを聞いて、適当な相手を見つけてあげればいいいんですよ。それを、わざわざ面倒な別提案なんかして、それで契約が取れればいいですけど、結局失注してるんじゃ、わけ分かんないでしょう」

同期で入社した武本と沼上だが、このところすっかり成績に差がついている。沼上は、武本の2倍は委託契約を受注しており、そのうちの1件は、つい先日、最終契約のクロージングが済んだ。武本はまだ1件もクロージングに至っていない。沼上は武本に顔を近づけて小声で、お客さまのためも結構ですが、少し自分の成績のことも考えたほうがいいんじゃないですか、と付け加えた。

武本は不愉快ではあったが、実際、沼上のほうがはるかに成績が良いのだから、反論の余地はなく、あいまいにうなずくしかなかった。その様子を、村井が遠くから見ていることに、2人は気づいていなかった。

「武本さん、ちょっといいですか」

翌日の夕方、武本は村井に声を掛けられ、空いている会議室に呼ばれた。そんなことは初めてだった。

「テクノミント社の件、笹木さんから聞きました。ご苦労さまでした」

「受注できず、申し訳ありませんでした」

「契約を取るためには、食らいついたら意地でも離さないという根性も必要です。そのためにできることを、なんでもやらなければなりませんし、なにができるかを常に考えて、先を読んで行動することが必要です。『こんなものでいいか』と思ったら、絶対にうまくいきません。テクノミント社でも、本当に自分が100%やり切ったかどうか、妥協はなかったか、真摯に振り返り、反省すべき点は反省してください」

そう言われて、武本は少し首をかしげて、自分はやれることはやったから仕方ないと思ったが、本当にそうだったのか、最初から考え直してみた。すると、調査の方法や提案の仕方など、まだまだ改善できそうなことに思い至った。なぜ言われるまで、それに気づかなかっただろうとくやしかったが、それをそのまま言葉にした。

「そう言われてみれば、不十分な点もありました。今思えば、ですが」

もしかしたら、と武本は突然思った。ここから、そんなお前はこの仕事に向いていないから、辞めたほうがいいという流れになるのではないか？　武本は内心動揺し始めた。

「相手があることですから、契約が取れるかどうかは、運の要素もあります。それは仕方ありません。ただ、どんなときもいちばん大切なことは、素直に努力を続けられることです。スキルシートの勉強は続けていますか？」

「はい。最近は笹木さんとの朝会でも、スキルシートの内容も含めて、かなりいろいろな勉強をさせてもらっています」

「結構です。武本さんがうちに入社してから8カ月ですが、言われたことを素直に努力していると評価しています。それはいずれ、必ず結果に結びつきますよ。同期の沼上さんは、もともと金融出身ですからスタートの土台が違います。また、彼は要領よく仕事をこなすのが得意です。もちろん、彼は彼なりに努力もしていますし、彼のような人材も、会社にとっては大切です。一方、武本さんのように、諦めずにコツコツと努力を続けられる人も、やはり大切です。これからも、頑張ってください」

話はそれで終わった。

自席に戻った武本に、沼上が声を掛けた。

「社長になにを言われたんですか。もっと要領よく仕事をしろと叱られましたか」

「沼上さんのことを、わが社にとって大切な人材だと言っていましたよ」

本当ですか、と言って沼上はまんざらでもなさそうな表情をした。

そこに、武本の携帯電話が鳴った。テクノミントの丸山からで、近日中に来てくれないかという。

競合他社の思わぬ失敗

「いつぞやは失礼しました。実は、改めて御社に、というより、武本さんにM&Aアドバイザリーをお願いしたいと考えているのです。いかがでしょうか」

丸山は挨拶もそこそこに切り出した。須藤との話を思い出し、M&Aアップの名前は出さなかったもののほかのM&Aアドバイザリー会社に依頼していたのではなかったのかと、武本は事情をたずねた。

丸山はことの次第を説明した。須藤からの提案を受けて、秘密保持契約を結んだうえで、何社かのIMを見せてもらった。ところが、「これは」と思えるような売り手会社がない。良さそうだと思える企業はとても価格目線が合わなかった。買えそうな会社は、業績や財務がぱっとしないものや、なかには債務超過の会社もあった。それを見て丸山が渋い顔をすると、須藤は、人材確保が主目的であるならそこだけに着目してほかの点は多少妥協すべきだと言った。

また、そのような財務の会社ですら、先方の提示する譲渡価格が高過ぎるように思えた。その点を指摘すると、須藤は、現在、IT業界のM&A市場は売り手市場になっており、市況的に、これくらいのバリュエーションが弾かれるのは仕方ないというような説明をした。これは、武本からも聞いていたことだった。

ただし、実際のディールに入れば多少の調整はできる、自分が間に入って丸山社長が納得できる落とし所を探るので、まずは実際に会って話を聞いてはどうかと迫ったところが、武本とは違っていた。丸山は須藤が提示した会社の内容と譲渡価格とでは、あまり気乗りはしなかったが、須藤がとにかく一度会ってほしいと、かなり強引に迫るので、2社の売り手候補の社長と会った。

そのうち1社は、創業7年の若いシステム開発会社で、社長はまだ30代の若手だった。社員は30名ほどで、比較的若くて元気はありそうだった。業績はそこそこだった。もう1社は社員20名ほどの会社で業績や財務は、やや悪化気味だった。また、社歴が長く、比較的高齢の社員が多いことが気になった。

丸山はまず若い会社の社長と面談した。その社長は、新規事業を考えており、その資金確保のために、現在の会社を売りたいという。それはいいのだが、二言目には「創業者利益」「イグジットのキャピタルゲイン」などと、金の話ばかりする。拝金主義者とはいわないまでも、システムを開発してものを作るという仕事に対する愛情のようなものは、まったく感じられないタイプだった。それには目をつむるとしても、譲渡価格の目線が離れ過ぎていた。「調整して落とし所を探る」と言っていた須藤がそのような調整をする気配はまったくないことを、丸山は怪しんだ。

もう1社の社長は丸山より年上で、経営への情熱ややる気をすっかり失っている感じだった。M&Aでまとまったお金を手にしたらリタイアしたいと言った。その会社の業績はぱっとしなかったが、社員の給与は業界の相場と比べてもかなり高い水準だった。不思議に感じた丸山がその理由をたずねると、ちょっと昔の経緯でいろいろあって、とはっきりしない。秘密保持契約も結んでいるのだし、大切なことだからと、丸山がしつこく問いただすと、仕事はできるのだが権利主張が強くて声の大きい古参社員が社員を束ねて派閥を作っているらしい。むしろ社長よりもその古参社員のほうが社内での権力が強いという。それが、売上に比して高い給与水準を余儀なくされている要因だった。IMでは、そのような情報はまったく触れられていなかった。トラブルのタネになりそうな従業員がいる会社をわざわざM&Aで譲り受ける理由はない。

両社とも、まったく買える要素のない会社であった。

トップ面談のあとで、丸山はなぜこんな会社を勧めたのかと須藤を詰問した。須藤は、とにかく早くM&Aを実現して社員を増員することが、御社のメリットとなると考えて、などと弁明したが、丸山は須藤とM&Aアップ社に不審の念を抱き、契約を解除した。

舞い込んできた再依頼

「今回、実際に自分がM&Aに取り組んでみて、以前、武本さんに言われたことを思い出したのです。武本さんがあのときに話してくださった内容は、うちの会社をよく理解してくれていたんだな、と。あのときには、なにが分かるんだとちょっとカチンときましたけど、よくよく考えてみれば、武本さんは正しかった。私はテクノミントを成長させたいのです。それで、ぜひまた相談に乗っていただきたいと思い、こうしてご足労願ったというわけです。いかがでしょうか？」

武本は、勢いこんで、もちろんです、と答えた。自分の真意が丸山に伝わったこと、そして丸山から頼りにされたことが、このうえなくうれしかった。誤解されていた真意を理解されるとは、こんなにもうれしいことかと感動した。

丸山は、自分が社長を辞めずに、当面は経営しながら成長を目指すM&Aということを前提にした場合、テクノミントを買ってくれそうな心当たりはあるかとたずねた。

それについて、武本は以前調べたときに、10社以上の目星はつけていた。かなりの数をお出しすることができるので、のちほど資料をお送りしますが、と言って、意図してまるで業種が異なる3社ほどの名前を挙げた。1社はテクノミントと同じような開発会社、もう1社は、求人媒体に強い大手メディア企業、そして3社目は、ネット専業銀行だった。それぞれに、テクノミントと提携することで、事業成長やシナジーが見込まれる理由もあわせて説明した。

「なるほど……。この業界のことをご存じなのは当たり前なのかもしれませんが、うちのこともよく理解していますね」

丸山は、本当に感心したという表情でうなずいた。笹木と朝会などで〝壁打ち〟の訓練をしてきたかいがあった。

「ぜひ、提案をお願いします」

そう言って、丸山は右手を差し出した。武本はその手をしっかり握り返し、ご期待に添えるよう頑張ります、と言った。

翌日、丸山から電話があった。話を聞いてみると、テクノミントがプライムシフトと頻繁に会っていることを嗅ぎつけた須藤が会社売却を検討しているのではないかと勘ぐり、買い手候補先についてもう1回提案させてほしいと言ってきて困っているという。電話によると、須藤は丸山の前で土下座までしたらしい。人の良い丸山は、困ってしまって、とりあえず提案をするのはいいよと須藤に言ってしまったという。基本的には武本にお願いするつもりではあると付け加えたが、一応、形のうえではコンペ的な形にさせてほしいと申し訳なさそうに言った。武本は、今さらという気持ちもあったが、丸山が懇願するので、渋々ながら了承するしかなかった。

あの、人の心をぐっとつかむような笑顔を見せる須藤が土下座までしたとなると、実直な人柄の丸山社長では、無下にはできなかったのだろうなと思った。

電話を切った武本に、沼上がなにかあったのかと聞いてきた。武本が概略を説明すると、沼上は、なんですか、土下座ってと言って、バカにしたように鼻で笑った。

だが武本が考えていたのは、先日、村井が言った「食らいついたら意地でも離さないという根性も必要です」という言葉と、初めて須藤と会ったときの「僕の家はすごく貧しかったんです」という言葉だった。そして、そこまでして案件をつかみにくる須藤の根性と実行力に、半ば尊敬する気持ちさえ抱き、心を奮い立たせていた。

上場企業のグループ入り

数日後、武本はテクノミントに提案資料を持参した。

「これは、条件が合えば現実的に買い手となってくれる企業のリストです」

丸山は興味深そうに資料をめくった。

「驚きましたね。M&Aアップさんとはまったく違う提案です」

丸山が言うには、M&Aアップの須藤は、数多くの候補を並べたリストを提示してくれたものの、そのほとんどがテクノミントと同業のシステム開発会社だったという。一方、武本が提示したリストには、同業他社も少しは含まれていたものの、大半は、金融機関、商社、鉄道会社、メディア会社など、他業種の企業だった。

「特に、このネット専業銀行のフロンティア銀行なんて、面白そうですね。どうしてここを？」

「フロンティア銀行は、もともとテック系企業が信用金庫を買収してできた会社ですが、今までになかった新しい個人向け金融サービスをどんどん打ち出し、フィンテック技術で金融ＤＸを目指すことを掲げています。日本の金融機関のＤＸは非常に遅れているので、大きな伸び代がありますが、そのためにはスピード感のある開発が必要です。御社が金融機関の基幹系システムの開発プロジェクトに参加された経験も活かせるかなと」

「なるほど。こちらのメディア会社は？」

「もともと数多くの自治体から依頼を受けて動画作成をしていた会社ですが、その顧客基盤を活かして、自治体の専用回線上で用いるネットワークツールを開発してシェアを伸ばしています。そこから派生して、さまざまなシステム開発にも取り組んでいます」

「私たちだけではまったく見つけられなかった企業です。事業が伸びるイメージを明確にもてるので、ぜひ正式にアドバイザリーをお願いします。契約書は、昨日ドラフトを送っていただいたものですね」

「ありがとうございます。実は、そうなるに違いないと信じて、お送りしたものと同じコピーも用意してきました」

そう言って武本はいたずらっぽく笑い、ファイルから書類を取り出した。


それから、約4カ月後、武本の資料にあったフロンティア銀行と、テクノミントとの資本業務提携がリリースされた。丸山はテクノミントの株式をすべて売却し、テクノミントはフロンティア銀行グループの傘下になった。ただし丸山は代表取締役からは退任せず、引き続き経営の指揮を執り続けることとなった。これは、買い手からの要望でもあった。

リリースには、今後も大きな発展が見込めるフィンテック、金融DX領域において、テクノミントの力を得たことで、高い競争優位性を獲得できたとあった。双方の業務でシナジーを発揮して事業成長を目指し、3年以内にテクノミントの売上高100億円を実現し、将来の上場も視野に入れるとあった。その発表の少しあとで、M&Aアップの須藤からメールが届いた。

「テクノミントの件、おめでとう。次は負けない」

武本は驚くと同時にうれしくもあった。ただ相手との秘密保持契約があるために返信はしなかった。

解説

成長型M&Aの難しさ

▼事業承継型M&Aに必要となる要素

売り手のM&Aの目的には、事業承継型と企業成長型という2つの類型があります。

通常、目的は重なっていますが、どの目的に力点がおかれるかによって、M&Aコンサルタントが留意すべきポイントも異なります。

事業承継型M&Aの場合は、売り手は企業を残すことが目的ですが、なぜ企業を残したいのかといえば、1つには従業員の雇用維持があります。もう1つには、自分の〝思い〟を残したいという気持ちがあると考えられます。したがって、M&Aコンサルタントもそれらの点に十分に配慮して買い手を選びディールを進めることが、1つ目のポイントです。

また、事業承継型M&Aの場合、タイミングが限られるという点も重要です。75歳の経営者が高齢で経営業務を担えなくなったのでM&Aをしたいというのに対して「3年後にもう一度検討しましょう」とは言いにくいものです。したがって、現状の材料をもとにして、ディールをまとめ上げることが必要です。ある程度、落とし所を決め打ちして、ここでまとめましょうとリードしていく力も、M&Aコンサルタントには求められます。

とはいえ、単に強引に進めるだけでは、売り手も買い手も気分を害します。なぜそこが落とし所になるのかということを、誠実に説明して、納得をしてもらうこと、いわば売り手と買い手の気持ちのコントロール能力が求められます。

3点目として、事業承継型M&Aの場合は、買い手候補の母数をたくさんもっていることも大切です。例えば、地方都市で4店のチェーン経営をしている居酒屋の事業承継を依頼されたとします。なにかよほど変わった特徴がなければ事業内容という点で買い手にアピールして、マッチングさせるということは、なかなか難しそうです。しかし、近隣県の居酒屋チェーンで、たまたまその地域に進出拠点をもちたかったといった理由で買収に興味をもつ企業がどこかにある可能性があります。そういった偶然の出会いを増やすためには、買い手候補の一定数の母数が重要になるというわけです。

▼成長型M&Aでは、前提段階の論点からの検討や議論が求められる

企業成長を目的とする成長型M&Aの場合は、事業承継型M&Aとは異なる難しさがあり、M&Aコンサルタントにも異なる面での能力が求められます。

企業成長が目的の場合、まずやらなければならないのは、売上やコストをKPIに分解して、その構造を把握することです。一言でいえば、事業理解です。そして、どのKPIを改善すれば売上が増え、どの部分を改善すればコストが下がるのかを判断します。そのうえで、どのような企業のどのような事業とマッチングすれば、その改善が実現できるのかを考えます。このような経営戦略からスタートするのが、成長型M&Aにおける広義のM&Aプロセスです。

事業承継型M&Aの場合、承継しなければ廃業が選択肢になりますが、成長型M&Aの場合、M&Aをしなくても別の戦略で、企業成長を実現できる可能性があるところが、大きな違いです。そもそも、その会社の事業自体に、持続的な成長可能性があるのかどうかという点も検討されます。PEST分析などの外部環境分析により、その市場自体に成長可能性があるかどうかも確認したうえで、市場におけるその企業の事業・製品のポジショ

ンや、プロダクトライフサイクル上の段階を核にします。

主力事業・製品がすでにピークアウトしており、成熟期あるいは衰退期に入っていると いうことであれば、それを再成長路線に戻すことはできるか、できないなら、次代に主力となり得る別事業・製品は育っているかといった点も確認されなければなりません。

また、成長可能性があるとして、それはM&Aでなければ実現できないのか、ほかにベターな手段がないかが検討されます。

例えば、ベンチャーキャピタルからの第三者割当増資など、エクイティファイナンスにより財務を強化し、あわせてCFOなどマネジメント人材の拡充を図り、将来のIPOを目指す、といったことは、分かりやすい成長ストーリーです。それは、M&Aと比較し得る、経営戦略上の選択肢となります。場合によっては、外部環境から当面は現状維持でいき、2、3年後に再度検討するほうがいいという話になることもあります。

結果としてM&Aを検討することになれば、次には成長に有益なのが、売りのM&Aなのか、買いのM&Aなのかという論点が検討されます。経営資源を補充したり、市場シェアを伸ばしたり、事業領域を拡張したりすることが有益であると思われるならば買いの

M&Aが追求され、それとも、大企業グループに入ることでのネットワークの活用やシナジーが求められるなら売りのM&Aが考慮されます。売りのM&Aの場合は、オーナーシップの移転とあわせて経営者も変更するのかどうかも論点になることはすでに説明したとおりです。

ここまでの検討プロセスを踏まえて、例えば売りのM&Aを選択することが決まって、初めて相手候補探しといった狭義のM&Aプロセスに移ります。狭義のM&Aプロセスに入る前の経営見直しや、M&A以外の選択肢の検討段階にどれくらいM&Aコンサルタントが関与するのかは、ケースバイケースです。

しかし、成長型M&Aを担うコンサルタントであれば、当然、そのプロセスのすべてにおいて経営者の相談を受け、提案やアドバイスができなければなりません。その実力がなければ、成長型M&AのM&Aコンサルタントにはなれないのです。

▼成長型M&Aでは、買い手のインサイドの理解も非常に重要

また、成長型M&Aにおいては、M&Aコンサルタントには、買い手の企業のインサイ

ドを深く理解することが求められます。このような事業を展開している買い手であるから、この売り手を成長させられるはずだ、あるいは、この売り手の事業であれば、あの買い手の事業と結びつければシナジーが得られるだろうといったことは、買い手の企業のインサイドを深く理解していなければ推測できません。それが推定できなければ、企業成長という目的を最大限に実現できるようなマッチングの提案も不可能なのです。

ただし、一定の買い手の母数もなければ、やはり選択の可能性が広まりません。事業承継型M＆Aでは、買い手の量だけが重要であったのに対して、成長型M＆Aでは、ある程度の量が必要であるのに加えて、個々の買い手企業をM＆Aコンサルタントが質的に理解していること、つまり「量も質も」重要なのです。

売り手に対しては、前提段階の論点から提案できなければならず、買い手に対しては事業のインサイドまでの理解が必要です。これが、成長型M＆Aを扱うM＆Aコンサルタントに求められる能力です。このため、主として事業承継型M＆Aを扱うM＆Aコンサルタントよりも、主として成長型M＆Aを扱うM＆Aコンサルタントのほうが、高度な知識と能力とが求められるのです。

第5章

革新を実現させた「IT企業×オールドエコノミー企業」という提案

～M&Aコンサルタントは業界刷新の仕掛人～

総合商社からの相談

武本がテクノミントのM&Aをまとめてから2年が経過した。

武本はその後、5件のM&Aディールをクロージングまでまとめていた。現在でも進行中の案件を3件抱えている。最近では、仕事のコツのようなものがつかめてきたと感じており、少し自信もついてきた。業務プロセスの先がある程度見通せるようになり、常に余裕をもちながら、業務を進められるようになってきたことが大きい。

その武本が新しく担当することになったのが、日野尾商事からの買収依頼だ。日野尾商事は、東証プライム市場に上場している大手総合商社である。

総合商社というと、以前は、世界各国に社員を送り込み、現地の大企業や政府などと共同で資源開発事業やインフラ建設などのビッグプロジェクトに取り組んだり、現地企業と直接交渉して、石油・石炭や金属、農産物、繊維など一次産品、二次産品の貿易をしたりするというイメージが強かった。現在でも、貿易が総合商社の重要な事業であることには変わりない。

しかし、現在の総合商社は、多角的なジャンルで多くの企業に直接投資をして、その企業の成長から、配当や持分による利益取り込みを得る投資会社のような役割を果たすことが多くなっている。

例えば、日野尾商事では、エネルギー事業部、食料事業部、繊維事業部、金属事業部、情報事業部、生活事業部など、7つの事業部をもっている。それぞれの事業部は独立採算のカンパニー制を採っており、それぞれの事業部責任者の判断で、他社への投資も行うことができる。

また、ただ純投資をするだけではなく、各事業部がこれまでに築いてきた国内外の取引先とのビジネスネットワークを活用し、さらには事業部間の連携もしながら投資先の事業のサポートも行い、自らの収益にも結びつけるところが商社ならではの特徴であり、強みともなっている。

もし、既存のネットワークだけではまかなえない重要な経営資源があれば、M&Aでの買収により、内部化することも珍しくない。逆に成長した投資先をイグジットしたり、特定事業のカーブアウトM&Aをしたりすることもある。買い手としても、売り手としても、経営戦略上の打ち手として、総合商社は積極的にM&Aを利用しているのだ。

プライムシフトは以前から日野尾商事に依頼され、ベンチャー企業を売り手として紹介してM&Aを実現させたり、逆に日野尾商事からのカーブアウトM&Aをサポートしたりと、さまざまな付き合いがあった。

社長の村井がプライムシフト創業以前の、ベンチャーキャピタルの社員だった時代に日野尾商事と取引があり、そこからプライムシフト起業後も関係が続いていた。ただ、村井が前職時代から懇意にしていたのは、情報事業部の事業部長だ。日野尾商事は事業部制を採っているが、事業部の独立性が高く、事業部が異なれば別の会社のように異なる組織となり、決裁権も異なっている。

今回は、情報事業部からの紹介により繊維事業部からの相談があった。情報事業部の案件であれば、村井が直接担当することになったかもしれない。だが、今回は他事業部の案件ということと、たまたま直近で村井が多忙だったことにより、ほかの者が担当することとされた。そして、村井は、武本に「やってみないか」と言った。これには、武本自身も、ほかの社員も驚いた。武本が最も手が空いていたという理由もあったが、村井としては、武本に大きな仕事の経験を与えて、武本の成長機会を作るという意図もあった。それを村井は武本に伝えた。

「今回の依頼者である日野尾商事は、かなり大きなプレイヤーです。武本さんもそろそろ、こういう大きなプレイヤーが関わるディールを担当してもいい頃合いでしょう。こういう案件を成功させれば、きっと一つ上のステージに登れますよ。しかし、日野尾商事はわが社にとって、最重要の取引先の一つです。くれぐれも失敗のないように、万全を期して取り組んでください。なにかあったら必ず私か笹木に報告して指示を仰いでください。まかせましたよ」

村井は、いつも以上に真剣な表情でそう言い、武本の肩を叩いた。

「業界地図を塗り替える」

さっそく、村井と武本は日野尾商事、繊維事業部長の久米との打ち合わせをした。久米は年齢40代半ばだろうか。短髪に浅黒く日焼けした肌、がっしりした体つきで、いかにも世界を飛び回る商社マンという雰囲気を醸し出していた。

村井が、今回の案件を担当する武本です、と言って武本を紹介すると、久米は「村井さんが直接ご担当いただけるのではないのですか」と言って、怪訝な顔をした。村井は「私ももちろん全責任は負います。ただ私だけだと業務を回すことができず、武本を責任者として担当させます。武本は若いですが、エンジニア出身で、今回のディールの勘所をよく理解しています。おまかせください」と答えた。

久米は、探るような目つきで武本を見つめて「よろしくお願いします」と言った。

今回の依頼の背景や、内容は、久米から以下のように説明された。

先日、日野尾商事は、世界的な大手ファストファッションブランド・モニー社との共同出資により、日本でモニーブランド事業を展開するモニージャパン社を起ち上げることで正式合意したと記者発表をした。

モニー社は、ヨーロッパを中心に若者からの高い支持を受けて急成長した新興ブランドで、昨年には世界のアパレル売上高ランキングで3位となった。ちなみに、一昨年までは、日本のファストファッション最大手のユニバース社が世界3位、モニーは4位であったが、昨年、モニーがユニバースを抜いて3位となり、ユニバース社との順位が逆転した。

世界のアパレル業界の「台風の目」ともいえる急成長企業であるモニー社が、いよいよ日本に上陸する……。これをきっかけに、日本のアパレル業界の地図が塗り替えられるのではないかと、日野尾商事の記者発表は注目を集め、テレビニュースや新聞でも大きく取り上げられた。当然、武本もそれは知っていた。

日野尾商事からの依頼は、そのモニー社に関連するものだという。

モニー社は、創立20年の若い企業だが、創業当初から、環境負荷の低い繊維素材や染料の使用、自社でのリサイクルプロセスを構築しほぼすべての製品のリサイクル化、カーボンニュートラルな製造工程などの方針によって、環境問題に意識的な企業として知られていた。

さらに、グローバルな企業グループ内での積極的なダイバーシティ&インクルージョンの推進、サプライチェーン全般でのフェアトレードの推進、アフリカの貧困国での食糧支援や教育支援活動、人権団体へのコミット、ＬＧＢＴフレンドリーなデザイン展開、環境問題や人権問題へのメッセージ性の高いテレビＣＭの放映などで、「エコや人権に対する意識が高い人たちのための先進的な企業」というイメージが浸透している。ファストファッションというカテゴリー内では後発であり、やや高めの価格設定でありながら、エシカル（倫理的）な消費に敏感なミレニアル世代、Ｚ世代を中心に高い支持を受けて急成長を遂げた。

そのモニー社の日本上陸にあわせて、繊維事業部ではモニーにおける日本市場を担当することとなっており、目玉として新たにＥＣサイトを構築・運営する企画が進行していた。モニージャパン本体のコーポレートサイトは、モニージャパン社が制作し、その後の運営もする。

だが、それとは別に、日本でもモニーブランドを好むような意識の高い層に向けたライフスタイル提案型のセレクトファッションＥＣサイトを繊維事業部で運営することが企画されているという。それは国内外のＳＤＧｓやエシカル消費に関する最新情報を発信しつつ、モニーブランドの商品と同種のコンセプトの他社商品をセレクトして販売するものだった。さらに、そこにはコミュニティ機能を設けて、繊維事業部の将来のさまざまな事業展開に向けた布石とすることも考えられているようだ。

世界3位のファッションブランドであるモニーの上陸をきっかけにして、日本のアパレル業界の地図が塗り替えられるだろう。モニーは単に服を売るだけではなく、これから間違いなく日本でも広まるであろうSDGs消費やエシカル消費を切り口として、日本の消費文化を変える契機を作るはずだ。今回のプロジェクトはその一翼を担う重要な位置付けにあることを、しっかり認識してほしい、と久米は語った。

プロジェクトの大枠は決まっていたが、コンセプトを前面に出したECサイトやコミュニティサイトの具体的な運営戦略については、繊維事業部内にその経験がないこともあり、これからスタートといった模様だった。その際、将来の展開を考えると、外部のWeb会社などにサイトの制作・運用を委託するよりも、内部で運営したい。ただし急に社内で構築はできないので、そのようなECサイトとコミュニティサイトの構築・運営を担える実力のある企業を買収もしくは持分法適用会社化したいというのが、今回、日野尾商事からもたらされたリクエストだった。

クライアントの心に刺さる提案

日本のアパレル業界や消費文化を変える一翼を担うという、久米事業部長の話を聞いて、これまでになくスケールの大きなビジネスに関われることに、武本は密かに興奮していた。もともと武本がM&Aコンサルタントを目指したきっかけでもあった、ビジネスの上流に立つ仕事がいよいよできそうだと感じたのだ。

会社に戻るとすぐ、プライムシフトのデータベースや、これまでの営業活動で譲渡ニーズを把握している企業リストから、候補を探し始めた。

数日後、候補リストの資料を持参して日野尾商事に提案をした。

1社目は、ECサイト構築の経験豊富なシステム会社のDプロダクト社だった。開発会社としては古参で大手上場企業のサイトもいくつか手掛けている。これからスタートするモニー社のECサイトがどういった方向性に進んでも対応できそうな、総合的な実力があるところが提案理由だった。

2社目は、Webマーケティング会社のJウェブ社だった。社長は有名なマーケターで、広告運用も含めたWebマーケティングプランの策定を得意としている。特に若者向けファッションブランドのマーケティング施策を成功させた実績が豊富だった。自社でもECサイト運営をしているが、それは周辺業務で、主力はマーケティングの会社だ。

3社目も、Webサイト制作からスタートして、現在はWebマーケティングを中心としているVZカンパニーだ。この会社はデータ分析が得意で、自社のWebサイトを検索エンジンの検索結果ページで上位表示させるための施策、いわゆるSEO対策用の分析ツールも自社開発している。また、多くのメディアサイトやコミュニティサイトの自社運営経験も豊富だった。

4社目はWeb制作会社のNポート社だった。Nポート社は若者向けの尖ったデザインに強く、センスが良くしかもレスポンス率の高いサイトデザインに強みをもっていた。ECサイト運営の経験もあるがECのシステム構築部分はさほど強くない。

5社目は、システム構築に特化したクリエイトT5社だった。クリエイトT5社は、受託のECシステム開発が専門で、システム構築やサーバ管理などは強くセキュリティ対策も得意だった。デザイン面にはあまり力を入れていない。

武本は、4社目のNポート社と5社目のクリエイトT5社は、それぞれ強みをもついい会社だが別々に買収しても面白いと思いますと言った。

日野尾商事がやろうとしていることに、ぴったりと当てはまる売り手候補というのはそうそうない。それならば、2社を買収して機能を補完し合うという考え方もあるのではないかというのが、武本の提案だった。

そしてほかにも2社で補完し合うなら、こんな会社もあるというリストを、数社分提示して説明した。提案を受けた久米は、なるほど、とうなずいた。

「単に数を集めただけじゃなくて、それぞれしっかり考えられていますね。それに、まとめて買収するというのも、ほかのM&Aアドバイザリー会社からは聞いたことがなかった提案です。さすがプライムシフトさんですね」

久米は感心したように言って、提案はいったん持ち帰って社内で検討させてもらうと言った。3日後、久米から3社に絞ったので、具体的に話を進めてもらいたいという連絡があった。

武本は3社に、買い手希望企業があると連絡し、武本が間に入って何度か打ち合わせをしながら検討を進めた。だが、そのうちの1社は、案件の規模が大きくて自分たちの手には余りそうだということで、見送るという結論になった。大量の商品在庫を管理するようなノウハウがないということだった。もう1社は、日野尾商事が要求する高いセキュリティ水準をクリアできそうにないということで、これも辞退した。

残る1社が、Jウェブ社だった。1年ほど前に武本は一度面談をしたことがあった。Jウェブ社の社長、渡辺は、もともと大手広告代理店でマーケターとして働いていた人物だ。8年ほど前に独立し、現在はWebマーケティングとWebサイト制作、ネット広告運用などを業務にしている。自社でもECサイトやアフィリエイトサイト、人材系プラットフォームサイトなどを運営して成功させていることから、渡辺はWeb制作の業界では多少は名前を知られた人で、雑誌のインタビューなどにも何度か取り上げられている。Webマーケティングに精通したマーケター社長の経営手腕により、小粒ながら高い収益を挙げている企業だった。だが、社員20名ほどの規模で成長の踊り場を迎えていた。

渡辺は、自分はゼロイチでなにかを作るのは得意だが、1を10にするのは苦手な人間だ、と武本に話していた。そして、会社をもっと成長させてくれるいい買い手がいるなら売りたいという意向をもっていた。ただし、自分はそのまま現場でマーケターなどの立場で、それなりの待遇を得て残れるというのが、以前に渡辺と面談したときの条件だった。以前には、一度面談しただけで話が立ち消えて、そのままになっていた。

武本が久しぶりに渡辺に連絡したところ、ぜひ詳細を聞きたいというので、武本は秘密保持契約を結んだうえで渡辺に概略を説明した。渡辺が前向きなので、武本はその旨を日野尾商事に連絡した。日野尾商事は、Ｊウェブ社の実績や、規模感は求めている条件にぴったりだといった。

話はトントン拍子に進み、久米事業部長と渡辺社長のトップ面談も無事に済んで、日野尾商事によるデューデリジェンスが実施されることとなった。まだまだ気は抜けないが、なんとかデューデリジェンスが無事に済むようにと武本は願った。

まさかのディールブレイク

ところが武本の願いとは裏腹に、デューデリジェンスで大きな問題点が発見された。

Jウェブ社は、勤怠管理がしっかりされておらず、残業代を正しく支払っていないため、退職者を含めた未払い残業代の潜在債務が1億円を超えることが分かったのだ。これだけでも大きな問題であるが、ほかにも社宅として購入したマンションに事業と直接関係ない渡辺の子どもが住んでいるなど、不透明な公私混同がいくつか見つかった。

武本は、事前調査でそれらの点を把握していたが、認識が甘かった。未払い残業代は、現実的には中小企業では珍しくない問題である。残業代を法定どおりに1分単位ですべて管理している中小企業のほうが少ないだろう。Jウェブのようにクリエイティブ系の企業では固定残業代としている場合が多いが、固定残業代制度の運用が正しくなされていないケースも多い。

Jウェブの勤怠管理体制では、未払い残業代が生じているであろうことは、武本も予測していたが、ここまで大きな金額になるとは思っていなかったのだ。

武本は概算を計算するため渡辺に出勤簿や給与台帳のコピーなども提出してもらおうとしたが、渡辺は分かりましたと言いながらなかなか提出しないのでさらにしつこく要求すると、今はこれしか見つからないと言って、一部分のみを提出するなどのらりくらりと武本の要求をかわしていた。日野尾商事の労務デューデリジェンスを担当した弁護士は、すべてを調べ上げて、巨額の未払い残業代があることが判明した。

また、マンションの件も武本は気づいておりこれはなにかと渡辺に聞いていた。渡辺の説明では社宅として購入したマンションで、自分が利用しているという説明だった。家賃も適正に支払われているため、居住の実態までは武本も調べていなかった。しかし、実際には、大学生の子どもが住んでいるとなれば、不透明な公私混同だといわれても仕方ないだろう。買い手が上場企業であれば、コンプライアンスの問題は極めて重視されるが、その点についての武本の認識が十分ではなかったのだ。

この事実を改めて久米に説明したところ、予想どおりディールは破談となった。

突然のスカウト

テクノミントのM&Aを初めてまとめてからは、武本は大きな失敗もなく、自分はM&Aのコツをつかんだとも思っていたが、結局のところ、調子よく進むディールが偶然重なっただけなのに、うぬぼれていたのだ。大きな信用失墜の損害を会社に与えてしまった以上、もはや辞めたほうがいいのではないか……。そんな気持ちも湧いた。

しかし、失意のどん底にあっても、案件は日野尾商事だけではないので、ほかの業務は進めなければならない。

重い気持ちでパソコンを起ち上げると、テクノミントの丸山から、「相談したいことがあるので近いうちに会えないだろうか」という内容のメールが届いていた。

丸山と会うのは半年ぶりだった。半年ほど前に、フロンティア銀行が主催するパーティーがあり、そこで丸山に近況報告をしていた。丸山は武本の仕事ぶりを聞いて、いいM&Aコンサルタントに成長しているようですね、と褒めてくれた。武本は御社のディールをまとめさせてもらったお陰だと言い、自分にできることがあればお手伝いするのでいつでも声を掛けてほしいと伝えていた。

武本は丸山が指定した東京・銀座の料亭に足を運んだ。

「丸山社長、お元気そうでなによりです。会社のほうも好調のようですね」

武本は自分がM&Aを担当したテクノミントのことが気になり、新聞記事や企業データベースでチェックしていた。同社はM&A後、1年間で50名も増員し、売上高は1・5倍に急成長していた。

丸山は武本の顔を見て、ちょっとお疲れ気味ですかと、少し心配そうな表情になった。日野尾商事の件以降、夜に眠れないことが増えたので、心労が顔に出ているのかもしれない。

「実は先日、仕事で大きな〝やらかし〟をしてしまって。反省しているところです」

そう武本は言葉を濁した。丸山は武本が相当に落ち込んでおり、真面目な武本はその悩みを誰にも話せないで苦しんでいるのではないかと感じ取り、自分でよければ話を聞きますよと水を向けた。武本は丸山の言葉の意味は分からなかったが、誰かに話を聞いてもらいたいと思っていたのは確かだ。守秘義務があるので、会社が特定されるような詳細は伏せたが、おずおずと失敗の概略を話した。丸山は黙ってうなずきながら武本の話を聞き終えると、大変でしたねと慰めた。

武本は、テクノミントのようなすばらしい会社というのはなかなかないものですよね、とため息をついたが、思い出したように、丸山に向かってECサイト関係でのM&Aに興味がありそうないい会社を紹介してほしいと言って、頭を下げた。丸山は分かりましたと軽く答え、今日のお呼び立てした用件ですが、と本題を切り出した。

「武本さん、あなたの力をテクノミントで発揮していただけませんか。ボードメンバーとして、うちで働いていただきたい。うちにスカウトしたいのです」

武本は突然の話の展開に、頭が混乱した。

インテグリティという資質

丸山の説明は次のようなものだった。

フロンティア銀行とのM&A後、テクノミントは順調に業績を伸ばしている。そこで親会社の意向もあり、3、4年後のIPOを視野に入れて動いているというのだ。丸山は以前、テクノミントが独立していたときは、IPOに対して否定的だった。しかし、実際に上場企業グループにジョインして、その経営の内部に関与したことで、上場が事業や社員にもたらすメリットを実感した。それでも、自分一人なら目指そうとは思わないかもしれないが、幸い、親会社からIPOを経験した優秀なマネージャーも送り込まれている。そこで、今は自分の力でテクノミントを上場させようと考えているのだと言った。

「IPOは、今のところ4年後をメドにしています。それまでに、いくつかまた企業を買収して、売上の増大を図りたいのです。そのために、武本さんにCSO（最高戦略責任者）として、アライアンス戦略やM&A戦略周りをサポートしてほしい。私の右腕として、会社を支える柱になっていただけませんか」

丸山は、M&A後、親会社から送られてきた人間を何人も見てきた。彼らはもちろん優秀ではあるが、やはり基本は親会社の人間であり、親会社の意向を重視する。やはりテクノミントの生え抜きの経営幹部がいてほしいが、残念ながら生え抜き社員には、丸山の右腕になれるような人材はまったくいない。そこで、外部からの招聘ということを考えたが、そのときに丸山の頭に浮かんだ候補の一人が、武本だった。

武本は、ヘッドハンティング会社に頼めば、優秀な人材はいくらでも見つかるのに、なぜ自分にと、率直にたずねた。

丸山は、もちろんそれも検討していると言ったうえで、テクノミントはこれから伸びる会社なのだから、「出来上がっている人」よりも、「これから伸びる人」にパートナーになってほしいのだと力説した。そして、武本の現時点での能力には不十分な点はあるだろうが、伸びる要素、ポテンシャルは非常に高いと評価した。また、テクノミントの業務に必要な、システム開発の経験と知識があり、M&Aコンサルタント業務で培った、幅広いビジネスの経験と知識もあると、武本の長所を並べた。スカウトしているのだから、世辞も含まれているのは当然だと思いながらも、武本はくすぐったい感じがした。

「武本さんには、高いインテグリティがあることを、私はとても買っているのです」と丸山は言った。

聞き慣れない言葉で、武本はどういう意味かと聞き返した。日本語にしづらいが、高潔とか誠実とか正直とか、そういった態度を総合した意味だと丸山は説明した。

武本は村井がよく言っている「素直に努力する」という言葉を思い出して、それもインテグリティだなと思った。

「人が見ていようがいまいが、ズルをしないで努力を続けるということは、まさにインテグリティでしょう。最近、ビジネス書のタイトルなどで、『ズルいなんとかの方法』みたいなのが、流行っていますが、私はああいうのはどうかと思います。ズルい方法というのは、他人を出し抜いて近道しようとすることですよね。これは、インテグリティの正反対の態度です。そしてそういう人間は、いっとき近道をしているように見えても、必ずどこかで落とし穴に落ちるものです。結局、いつも誠実な態度で真摯に努力を続けられる人間が、最後には成功します。武本さんはそういう人だと思っているのです」

武本は、ありがとうございますと言って頭を下げた。そしてふと、沼上はどうしているだろうかと思った。

武本と同期入社だった沼上は、あるとき、売り手への説明事項に関して、社内の規定で定められたプロセスを踏まずに進めていたことが発覚して問題にされた。沼上は、そんなものは形式的なことだから、いちいち社内の規定どおりにやっていては効率が悪い、自分は自分のやり方でやっていて、これまでなんのトラブルも起きていないのだから、これでいいではないかと主張した。だが、その主張は認められずに沼上は厳重注意を受けた。

それを契機に、沼上はそれ以外にも、プライムシフトのやり方はあまりにも顧客本位になり過ぎていて手間がかかり非効率的だと陰に陽に批判するようになった。

そして、ほどなくして辞表を提出した。噂では、同業他社に移ったという。沼上はクセのある男で、武本もたびたび皮肉を言われたが、なかなか成績を上げられない武本を心配してアドバイスもしてくれた。沼上がいなくなったことは、武本には寂しかった。

そんな話を、武本は丸山にも話した。丸山は、仕事のやり方は人それぞれで、彼には彼の信念があったのだろう、だが、そのまま自分の信じるやり方を続ければいいと言った。

丸山の突然のスカウト話は、武本を困惑させたが、自分はどこで仕事をすべきなのか、どんなふうに仕事をすべきなのかということを、改めて考え直すきっかけともなった。

今すぐは返答できないので、少し考えさせてほしいと答えて、その夜はお開きになった。

リトライ

1週間ほどのち、丸山から電話があった。武本はスカウトの返事の催促かと思ったが、そうではなかった。先日の夜に聞いたEC関連の会社、心当たりがあるのでよかったら紹介すると言う。そして武本は、パラソルオール社の小柳社長を紹介してもらった。

パラソルオール社と同社の小柳社長について、武本は調べられるだけのことを調べた。

「ここなら、いけるかもしれない」

そして、日野尾商事に連絡をして、モニー社の件で、再度提案をさせてもらうことはできないだろうかと丁寧に頼んだ。日野尾商事の久米は、まだ検討中だから、いい案件があるのなら、話は聞くよとそっけなく言った。

武本はすぐに丸山から紹介されたパラソルオール社に連絡して、アポイントを取ってもらった。電話口の小柳社長はさして気乗りはしない様子だったが、世話になった丸山社長の紹介なので会って話は聞くと言ってくれて、後日面談の機会を得た。

パラソルオール社は、ネットマーケティングやＷｅｂサイト制作・運営代理事業の会社で、事業内容はＪウェブと少し似ていた。だが、創業からまだ5年だというところが違っていた。

社長の小柳は30代前半の女性で、シングルマザーであることを、会社の公式Ｗｅｂサイトでも公表していた。自身の経験も踏まえてシングルマザーのネットコミュニティの構築、運営や就業マッチングサイト運営、ソーシャルグッドと呼ばれる領域とも重なるビジネスを展開し、なかでも幼児教育用品通販などのＥＣも強みをもっていた。

Ｍ＆Ａの提案だということは、丸山から伝わっていたので話は早かった。だが、小柳は、「お金を稼ぐために起業する人もいるでしょうけど、私は違います」と言った。小柳は、自分が作ったサイトやサービスがたくさんの人、特に、自分と同じような立場の女性に使ってもらえることが単純にうれしいし、それで、世の中に影響を与えていることにやりがいを感じているのだと言った。その小柳の反応は、武本が想定していた範囲内だった。

「社長の経営に対するお考えや、やりがいは理解できます。それを変えるべきだとも、変えていただきたいともまったく思いません。私がご提案したいのはその逆で、社長のお考えをもっと広範囲に伝えて、これまで以上に世の中に影響を与えることにチャレンジしてみませんか、ということです」

小柳は、おや、という顔をしたが、黙ったままだった。

武本は、小さな会社が社会に大きな影響を与えたいなら、大企業の力を利用するのも、一つの方法ではないかと言った。失礼ながら、今のパラソルオール社では世の中に対する影響も限界がある。今後、企業規模を拡大したり、ＩＰＯしたりすれば、社会に対する影響力も格段に増すだろう。しかし、それには何年もかかる。Ｍ＆Ａで大企業のグループ入りすれば、そのグループの社会的影響力、伝達力をすぐに利用できるようになる。それは、経営者としての時間を買うことにほかならない、そんな内容を小柳に伝えた。

小柳は、Ｍ＆Ａで「時間を買う」というのは、これまで考えたことはなかったが、言われてみれば一理あると言い、少し検討させてほしいと言った。

数日後に、小柳から詳細を聞きたいという連絡があり武本はパラソルオール社を再訪した。小柳に秘密保持契約書にサインしてもらったうえで、武本はプロジェクトの詳細を説明した。

「モニージャパン関連の仕事なのですか。すごい」

小柳は食いつくように言った。武本はそうです、とだけ答えたが、内心では、よし、思ったとおりだ、と喜んだ。

小柳がモニーのファンでありそのウェアを愛用しているというネット記事を、丸山の電話のあと、パラソルオール社について検索していたときに、武本は確認していたのだ。だからこそ、いけるかもしれないと思い、日野尾商事に再提案の依頼もした。

自分がこの話を提案したのは、小柳社長のお考えや理念と、モニーの企業文化には高い親和性があると考えたためだと武本は言った。そして、率直に言って、今のパラソルオール社がモニーと直接取引をすることは、かなり難しいが、日野尾商事と組めばそれができるようになるのだと言った。

小柳は、自分が経営に残るという条件が認められるなら、M&Aを検討してもよいと言った。武本は、小柳からその他の細かい話を聞き、提案書をまとめて、日野尾商事に持ち込んだ。

「どうしてこの会社を?」と久米は聞いた。

「久米事業部長は、日本の消費文化を変え、アパレル業界地図を塗り替えるWebサービスを作りたいとおっしゃっていました。そのために、技術力や運用力は当然必要ですが、新しい文化を創るという事業理念を共有できて、そこに深くコミットできるかどうかが、最も重要なのだと考えました。その文化的なシナジーという観点から、パラソルオール社はこのプロジェクトに最適だと判断しました」

久米は「いい判断だ。そこまで理解してくれていて頼もしい」と言った。そして前向きに検討すると約束してくれた。

一人前のテーブル

2週間ほど経ったあと、プライムシフトは日野尾商事の繊維事業部と正式にアドバイザリー契約を結び、パラソルオール社とのM&Aのディールを進めることとなった。

今回のディールは、単純に株式を売却して株主や経営陣が代わるというものではない。M&A後も、小柳社長は残留して、経営の舵取りをする。小柳の権限をどこまでもたせるのか、日野尾商事からの人材をどれくらい入れるのかなど、日野尾商事側と、パラソルオール側で当初は意見の食い違いがあった。

また、日野尾商事とパラソルオール社の間には、親子会社関係になり連結決算の対象となる一方で、業務提携も行われる。株式の譲渡価格を含めた、資本提携内容の妥当性と、委託価格などを含めた業務提携内容の妥当性とが、相互に影響しながら関連している。複雑な利害が絡み、交渉はたびたび難航し、時にはかなり険悪な空気となることもあった。そのたびに武本は両者の間を文字どおり駆け回って、話を聞き、アドバイスをして調整をした。最終契約書の記載事項を洗い出したタームシートを、何度も書き直す。

武本の感覚では、このディールが佳境だった3カ月は、まったく休めなかった。その苦労のかいあって、約3カ月後には、資本業務提携の最終合意契約が締結された。

その数日後、武本は丸山と会っていた。

「パラソルオール社の件ではお世話になりました。本当に感謝しています」

丸山は、もう思い残すことはないだろうから、以前のスカウトの話を、ぜひ検討してほしいと言った。

「たいへん申し訳ありませんが、やはりまだ、今の仕事を続けたいのです。今回、小柳社長をご紹介いただいたのは、社長が私のことを本当に信頼してくださったからなのだと感じて、心から感謝しています。そして、そんなふうに信頼されてご紹介を受けたのは、実は今回が初めてでした。以前、M&Aコンサルタントは経営者のパートナーだという話を聞いたことがありました。今回のディールを通じて、自分もやっと経営者のパートナーになれたのかなと思ったのです。M&Aコンサルタントとしてまだまだ一人前ではありませんが、ようやく一人前になれるテーブルには乗れたと感じました。今までとは見える風景が変わってきて、ここからが本番だと感じているんです。どうしても、ここからもう一段高いステージを目指したいのです」

武本は一気にそう話すと、立ち上がって、腰を折って頭を下げた。

「分かりました。残念ではありますが、武本さんがM&Aコンサルタントという仕事で高みを目指したいというお気持ちも理解できます。武本さんなら必ず成功するでしょう。楽しみにしていますよ」

丸山は右手を出した。武本はその手をしっかりと握り返した。

解説

M&Aディールの難しさ

▼M&Aディールがブレイクする理由

M&Aディールのエグゼキューション段階は、デューデリジェンス（買収監査）から、それを踏まえたうえでの契約条件の合意、契約書の作成、契約締結へと進みます。

デューデリジェンスとは、買い手が、IMなどで事前に知らされている情報と売り手の実態に齟齬がないか、書かれていない問題がないかなどを、監査する（調べる）ことです。デューデリジェンスは業績や財務のほかに労務、法務、環境対応、ITシステムなど幅広い分野にわたって調査が行われます。

上場企業は、会社法、金融商品取引法などから、または証券取引所の規定などからもコンプライアンスについて厳しいチェックを日々受けています。そのためM&Aの買い手が上場企業の場合は、売り手企業のガバナンスや内部統制によるコンプライアンスの遵守については、厳しくチェックされます。分かりやすい例でいえば、役員に反社会的勢力とのつながりがある人物がいることが分かった場合などは、上場企業は絶対に買収しません。

デューデリジェンスの監査は、買い手（買い手企業のM&A担当者や法務部門、あるいは買い手が委託した弁護士、税理士などのデューデリジェンス専門家）が主体として実施されるものです。しかし、その間、M&Aコンサルタントは両者の間を飛び回って、必要な資料の用意から、チェック項目の確認、出された問題の確認、それをどのように評価すべきかのアドバイスや調整など、山のようにやることが出てきます。そしてそれは、その後のタームシート作成、最終契約書作成まで続き、最後の調印まで気を抜く暇はありません。なお、タームシートとは、契約書作成の前段階で、契約書に記載すべき内容のうち、主要なものを整理した資料です。

デューデリジェンスが問題なく進むために準備することとは、M&Aコンサルタントの重要な役割となります。

一般的に、中小企業はガバナンスやコンプライアンス、内部統制の意識が低いため、デューデリジェンスで必ずなんらかの問題が発見、指摘されます。それが、大きな問題であれば、買い手が辞退してディールブレイクとなりますし、それほど大きな問題ではなかったとしても、譲渡価格の引き下げなどの対応が求められ、今度は売り手が嫌になって、破談となることもあります。

そこでM&Aコンサルタントは、デューデリジェンスの前にあらかじめ指摘されそうな問題を把握しておき、可能であれば修正するなどの対処をするように売り手に話しておきます。デューデリジェンスで指摘されても「その点はすでに対処している」と答えられれば、それで済むこともあるためです。

また、この点は指摘されるので、その分、譲渡価格引き下げなどの条件交渉が要求されるかもしれないということを、売り手の経営者と〝握っておく〟ことも時には必要です。そうすれば、実際にそういう事態になったとしても、ディールブレイクには至らずに済みます。

なお、M&A契約を結んだ経営者が、意図的に自社にとって都合の悪い情報を隠蔽しているといった事態は、現実にはあまりありません。なぜなら、そんなことをしてもあとでバレることは明らかだからです。

実際に多いのは、経営者が勘違いをしていたり、「こんなことはたいした問題ではないだろう」とたかをくくっていたりすることです。例えば、固定残業代や裁量労働制という制度は、法的な規定があり、厳密に規定どおりに運用されている必要があります。しかしそれを正しく理解せずに、単に人件費を節約したいために、「うちは固定残業代込みのみなし労働時間制です」とか「裁量労働制です」と言っているものの実態は届け出を出しておらず、違法状態になっている企業はたくさんあります。

あるいは退職金規程がありながら、退職給付引当金の積み立てが必要であることを知らないとか、内部統制が取れておらず、現場の業務に違法の実態があるのに、経営者が把握していないといったこともあります。これらはM＆Aにおいては、経営者自身が気づいていないまま埋め込まれている、〝地雷〟のようなものです。

しかしこの〝地雷〟は、経営者との会話や財務資料、あるいは過去の同種のM＆A経験などから、ある程度推測、予見することが可能なのです。そこで、ディールの初期の段階で〝地雷〟の存在を察知して、それを除去するための対応を取れるのが、優れたM＆Aコンサルタントが必ず行っている業務です。逆に、レベルの低いM&Aコンサルタントは、〝地雷〟の存在を見逃して、あとになってディールブレイクに直面することになります。

▼M&Aの最後の山場

デューデリジェンスが済めば、それを踏まえて契約内容に合意して、契約書を作成、契約を締結します。契約書の内容、特に、必ず折り込まれる「表明保証」条項の内容をどう詰めていくのかが、M&Aディールの最後の山場となります。

デューデリジェンスは、限られた期間に行うので、完璧に調べることは不可能です。また、売り手経営者が意図的に隠蔽しているリスクもあります。そこで、あとから問題が発見された場合に備えるのが、M&A契約における「表明保証」条項です。

「表明保証」とは、M&A取引において売り手が買い手に対して、譲り渡す会社や事業の内容について、「一定時点における一定の事項が真実かつ正確であることを表明し、その内容を保証する」というものです（買い手から売り手への表明保証もあります）。

例えば、合意時点において計上されていない債務はありません、とか、訴訟は提起されていませんといったことを列挙して、それを保証します。もし記述に反する事実があとから発見された場合には、金銭的な補償などをしなければならない、というものです。

当然ながら、売り手はなるべくその内容を限定的にしたいと考えますし、買い手はなるべく広く記述したいと考えます。

その調整に失敗してディールブレイクとなることもあるのです。契約書自体は、弁護士が作成することがほとんどですが、双方の意向の調整には、M&Aコンサルタントも大きな役割を果たします。

▼今後、存在感を増していく成長型M&A

成長型M&Aを担うM&Aコンサルタントの仕事の魅力は、業界再編を伴うような大きなビジネスに関われる場合があることです。これは、事業承継型M&Aではほとんどない、成長型M&Aならではの醍醐味だといえます。業界地図を塗り替えて多くの人に受け入れられる事業を作ったり、今までになかった新しい発想や文化のビジネスを創造したりする、その現場に立ち会い手伝いをすることが、成長型M&Aを担うM&Aコンサルタントの役割です。

そして、今後はこのような醍醐味を味わえる仕事がますます増えていくことと思われます。

それは、長期的な人口減少による国内市場のシュリンクや、国際的な産業競争力の低下に直面している日本経済において、伝統的な巨大企業がひしめくレガシーな産業においても、大胆な事業構造の変革が求められているためです。それがデジタルを媒介にして行われる場合は、DX（デジタルトランスフォーメーション）と呼ばれます。DXとは、単にデジタル活用による業務効率化のことではありません。トランスフォーメーションという名のとおり、既存の価値創出の構造や領域までを変革し、新しい価値創出のプロセスを構築することを含む概念です。

レガシーな企業がそのようなトランスフォーメーションを、しかも迅速に実現しようと考えたとき、内部にはない異質な文化や資源を取り込むこと、つまりM&Aは不可避です。それを支えるだけではなく、積極的に推進するのが、企業のインサイドを理解している、成長型M&Aを担うM&Aコンサルタントなのです。

現在の、M&A市場の主流は、事業承継型M&Aです。しかし、団塊の世代がすべて後期高齢者になり、承継ニーズが減少することが見込まれる2025年以降、その割合は徐々に減っていき、代わって成長型M&Aの割合が増加するものと思われます。

これからM&Aコンサルタントを目指すのであれば、成長型M&Aを担えるだけの知識を身につけ、キャリアを重ねていくのがよいです。

▼M&Aコンサルタントのキャリア

M&Aコンサルタントは、いくつかのキャリアプランが描けると考えます。

M&Aのディールは一つひとつが独立したものですが、その複雑性や難易度は異なります。例えば上場企業が買い手となる場合や、上場企業からのカーブアウトM&Aは、考慮しなければならない法的規制などが増え、また関係者も増えることから複雑性が増します。事業承継型M&Aと比べれば、かなり難度の高い案件になります。

またクロスボーダー案件も、両当事国の法制、税制、会計制度が関与し、また単純に言語の問題もあるためやはり難易度が高くなるでしょう。こういった難度の高い、あるいは大規模な案件に関われるようになることが、M&Aコンサルタントとしてのステップアップです。

もう一つの道が、それまでに身につけた経験と知識を活かせるポジションに移るというものです。例えば、ストーリーの主人公のように、自分がM&Aコンサルタントとして関与した企業、特に若いスタートアップ企業から、役員待遇で入ってくれないかと招聘されて移るということもあります。

また、例えば外資系企業が日本に進出してくる際に、これからM&Aを積極的に推進していきたいので、CSOなどの立場としてM&A戦略を担当してくれないかとヘッドハンティングされる場合もあります。

これらはある種の理想的なキャリアアップですが、総じて成長型M&Aを担うM&Aコンサルタントは、高いビジネススキルと経験そして経営層を中心に広いネットワークを築くことができます。そのため、M&Aコンサルタントの仕事に3年も真剣に取り組めば、どんな業界にいっても第一線で活躍できる一流のビジネスパーソンとしての素質は身についているといえるのです。

おわりに

人にとって、最もうれしいことはなんでしょうか?

もちろんさまざまな回答の可能性があるでしょうが、私は「自己成長」ではないかと考えています。自己成長とは、過去の自分を超えて、より優れた自分になることです。

これは、有名な心理学者マズローの理論においても示されています。マズローが人間の欲求の発展を模式化した「欲求5段階説」においては、「自己実現」が最上位の欲求、つまり最も喜ばしいことだと規定されていました。自己実現とは、自分が願ったとおりの自分になるということです。

しかし、マズローはその晩年、自己実現の上(6段階目)に、さらに高次の欲求があると論じました。自己実現よりも高次の欲求として彼が提示したのが、「自己超越」なのです。

人間はなりたい自分になれたとしても、それだけではずっと満たされ続けることはできない、実現した自己をさらに超えていく成長にこそ、本当の喜びがあるというのが、彼の理論です。

自分の経験からも、私はそれが正しいと感じます。

私は、横浜国立大学大学院経営学専攻を修了したのち、国内最大手ベンチャーキャピタルのジャフコに入社しました。そして、入社1年目から、ジャフコの全国の支店でナンバーワンの営業成績を残しました。もちろんかなり努力をしてハードワークではありましたが、仕事自体は楽しく、やりがいのあるものでした。会社から高い評価も受けていました。しかし私はジャフコを3年で辞めました。それは、当時、同じ会社で同じ投資業務を繰り返していても、自分自身が成長できないと感じられたからです。高い成績を挙げるとか、高い報酬を得るとかいったことよりも、自分自身がビジネスのフィールドにおいて成長すること、それこそが私の求めるものだったのです。ジャフコのあと、オークファンという会社で役員になり、ここの仕事も楽しいものでした。しかし、やはり自分がどこまでも成長していくためには、そのポジションでは限界があると感じ、起業したのです。

私の場合は、最初に起業を志向したのは中学生のときで、大学生のときには、実際に簡単な事業を起こしたりしていました。最初から起業志向があったので、起業こそが自己成長できる場だと感じましたが、その点は人それぞれだと思います。必ずしも起業だけではなく、企業の内部にいながら、高い自己成長を実現できる人もいるでしょう。

いずれにしても、自己成長をしていくためには、常に考え、動き、努力を続けることが必要です。その経験を通じてしか成長はあり得ません。ストーリーにも出てきますが、私はこれを「知的行動力」という言葉で表しています。M&Aコンサルタントの業務を通じて、知的行動力を磨くことは、必ず自身を成長させてくれます。一方で、これもストーリーの登場人物のセリフに込めましたが、「ズルい近道」を求めることは、自己成長に背を向けることにほかなりません。王道の努力を愚直に続けるしか、成長の道はないのです。

時にはそれはつらいことでもあります。正直にいえば、M&Aコンサルタントの仕事をしていて、9割以上はつらいことばかりだと思います。ディールに取り組んでいる間は一時も気を抜けず、100%の気配りを常に求められます。そうしていても、思いも寄らない落とし穴に足をすくわれて努力が無駄になったり、お客さまからお叱りを受けたりすることもよくあります。

仕事をしていてうれしいこと、楽しいことは、1割もありません。しかし、そのつらい9割によってこそ、自分はここまで成長してこられたのだとも思うのです。

私の経験上も、M&Aコンサルタントは誰にでもおすすめできる仕事だとは考えられません。9割のつらさに耐え、それがもたらしてくれる自己成長に喜びを感じられる人でなければ、続けていくことは難しいでしょう。しかし、それを知ったうえで、やる気があれば、その門戸は誰にでも開かれています。銀行やレガシーな大企業のように、中途でトライしたくなっても門前払いされるようなことはありません。

もし、本書をきっかけにして少しでもM&Aコンサルタントという仕事に興味をもたれたら、ぜひチャレンジしてください。その結果として、自己成長で高みを目指す喜びを感じる方が1人でも出てくだされば、著者冥利に尽きます。

【著者プロフィール】

牟禮知仁（むれ　ともひと）

1981年、鹿児島県生まれ。2004年に東京電機大学卒業。2006年に横浜国立大学大学院経営学専攻修了後、国内最大手のベンチャーキャピタルである株式会社ジャフコに入社。関東を中心にベンチャー企業から中堅企業まで幅広くベンチャー投資を担当。IT企業等のべ20社以上の投資およびM&Aを手掛ける。2009年に株式会社オークファン入社、同年12月から執行役員に就任。事業のM&A（買収&合併）などを担当。2011年、株式会社パラダイムシフトを創業。

本書についての
ご意見・ご感想はコチラ

M&Aコンサルタントという仕事

2023年7月19日　第1刷発行

著　者　　牟禮知仁
発行人　　久保田貴幸

発行元　　株式会社 幻冬舎メディアコンサルティング
〒151-0051　東京都渋谷区千駄ヶ谷4-9-7
電話　03-5411-6440（編集）

発売元　　株式会社 幻冬舎
〒151-0051　東京都渋谷区千駄ヶ谷4-9-7
電話　03-5411-6222（営業）

印刷・製本　中央精版印刷株式会社
装　丁　　弓田和則

検印廃止

Printed in Japan
ISBN 978-4-344-94695-8 C0034
幻冬舎メディアコンサルティングＨＰ
https://www.gentosha-mc.com/